KB114328

사라지지 않는 간판들

일러두기

오래된 한글 간판으로 읽는 도시

사라지**지 않는** 간판들

장혜영
지음

지콜론북

차례

1장 · 간판이 있는 자리

2장 · 간판에 쌓인 시간

에필로그

1장

간판이

있는

자리

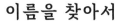

이름을 찾아서

포항에 살면서도 바다를 보는 것은 각오가 필요한 일이었다. 포항이 고향이라고 하면 흔히들 "아버지께서 어부시니?", "회를 많이 먹겠다" 등 바다를 중심으로 두고 말하지만, 내 어린 시절 기억의 대부분은 산과 도로였다. 학교를 마치고 집으로 돌아가는 길은 차들이 쌩쌩 달리는 도로 옆이었고, 친구와 대화하기 위해서는 육중한 자동차보다 기세 좋게 목소리를 끌어 올려야 했다. 초등학교 3학년, 지금 생각해보면 어렸던 나이인데도 삶이 퍽퍽했는지 친구와 나는 너 나 할 것 없이 바다가 보고 싶다고 소리쳤다. 언젠가 해수욕장을 가봤던 기억을 살려 드문드문 보이는 도로표지판을 보면서 우리는 무작정 바다를 찾아 떠났다.

누구 한 명이라도 "그만 집에 가자"라고 말한다면 바로 멈췄을 만큼 지쳐갈 때 반짝이는 전구를 가득 실은 작은 배들이 어렴풋이 보였다. 그곳은 동해에서 갓 잡은 해산물을 싣고 와 판매하도록 만들어진 부둣가여서 뻥 뚫린 바다라기보다 아늑한 호숫가 같았다. 모래사장이 펼쳐지는 해변을 기대했지만 우리의 첫 일탈은 짠 내만 가득했다. 하지만 금세 보물을 발견한 사람처럼 우리는 환호성을 질렀다. 친구의 이름이 적힌 어선을 보았기 때문이다. 생명이 있는 사람이나 반려 동물에만 이름이 있는 줄 알았는데 배에도 이름이 있다는 것을 처음 알았다. '희망', '성공', '우정'과 같이 익히 알고 있는 단어가 적힌 배도 있고, '해정', '용수', '만석'과 같이 사람의 이름에서 따온 것 같은 배도 있었다. 어딘가에 내 이름이 적힌 배도 있지 않을까 하고 한참을 헤매다가, '해영'이라고 적힌 배를 보고 행복했던 기억이 난다. 비록 내 이름은 '혜영'이지만.

그러고 보면 우리가 무심하게 드나드는 동네 가게들부터 매일 수없이 지나치는 도로까지 전부 이름이 있다. 이 세상에 그저 존재하는 것은 없다는 듯이 애정을 가지고 돌보는 '누군가'가 있다는 분명한 표시가 있다. 이름이란 이렇게 '지은이'가 있다는 뜻이어서, 언젠가부터 이름을 부르는 것에서 더 나아가 읽고 싶어졌다. 누군가 의미를 담아 이름을 만들었

다면 그 뜻을 궁금해하는 사람도 있어야 하는 것이 아닐까.
그래서 내가 간판을 읽는 독자가 되기로 했다.

특별히 주목해서 살펴본 이름들은 1970~90년대에 만들
어진 오래된 가게의 간판이다. 지금처럼 컴퓨터로 만들어진
폰트가 일반적이지 않았던 시절, 레이저 커팅으로 규격화된
간판이 만들어지기 이전에 생겨난 조금은 더 사람 냄새 나는
글자에 매력을 느낀다. 주인이 직접 쓰기도 하고, 솜씨 좋은
친구가 만들어주기도 하고, 동네 간판 장인에게 부탁하기도
하면서 알음알음 만들어진 간판에서는 분명한 개인의 취향이

느껴진다. 특히 소소하더라도 고유의 뜻이 담겨 있는 가게를 만나면 간판 애독자가 되고 싶은 마음이 더욱 샘솟는다.

서울에서 가장 오래된 이발소인 공덕동의 성우이용원은 아버지의 함자인 이성순에서 '성' 자를, 우리라는 단어에서 '우' 자를 따와서 만들었다. 서울 아현동에서 만난 50년이 넘은 호돌이수퍼는 88 서울올림픽 즈음에 간판을 달았는데, 당시 호랑이를 좋아했던 사장님의 취향에 올림픽 마스코트였던 호돌이가 딱이었다. 간혹 가게 이름에 관해 물어보면 "내가 지었으니 나만 알고 싶다"라며 뜻이 있으나 알려주지 않는 주인을 만나기도 한다. 차근차근 설명해주는 할아버지의 모습을 상상했으나 비밀이라고 말하는 그 말이 엉뚱하면서도 발랄하게 느껴졌다. 이렇게 간판 애독자인 나에게 해석의 몫을 남겨주는 곳도 있다. 꿈보다 해몽이라고, 웬일로 사전도 찾아보고 이리저리 뜻을 붙이며 재밌는 상상을 해본다.

문득 무언가 찾고 싶은 것이 있어서 좋다는 생각이 든다. 어릴 적 바다를 찾아 나선 것이 드넓은 바다가 있다는 것을 알았기 때문이듯, 오래된 간판을 찾기 시작한 것 역시 그리운 이름들이 있었기 때문인지도 모르겠다. 콘크리트 도시 속에 살면서도 부드러운 흙을 기억하듯이, 우리는 서툴고 평범한 이름 너머에 그 이름을 부르며 아껴주는 사람들을 떠올린다.

시간의 조각품

군데군데 칠이 벗겨지고 모서리가 마모되어 부드러워진 오래된 간판. 스티커를 붙였다 뗀 자국이며, 비바람이 몰아친 흔적까지 고스란히 간직하고 있는 옛 간판을 보면 사람만 나이를 먹는 것은 아니구나 깨닫게 된다. 보이지 않는 시간 동안 간판도 열심히 일해왔다는 걸 느끼게 된다. 세월이 지날수록 그 존재가 약해지고 허물어져 가는 것만은 아니다. 언젠가 지문이 닳아 사라져버린 농부의 손을 본 적이 있다. 투박한 손에서 그의 고단했던 삶이 느껴져 존경심이 들었다. 깊게 파인 주름에서 그의 성실했던 노동이, 거친 힘줄에서는 강인한 인내가 느껴져 먹먹했던 기억이 난다. 색이 바래고 녹이 슨 간판을 보면서도 비슷한 감탄이 들곤 한다. 먼지처럼 가벼이 날아가는 시간이지만, 매일 같은 자리를 지킨 간판이었기에 세월이 겹겹이 쌓여 특유의 멋과 분위기가 만들어진다.

이렇게 오래된 간판 자체가 시간이 빚은 유물처럼 느껴져 2011년부터 필름 카메라로 간판을 기록하기 시작했다. 때때로 "간판을 왜 찍어요? 뭐가 예쁘다고?" 하며 가게 주인들이 물어온다. 자신의 간판이 초라하다고, 볼품없다고 말하며 오래된 가게와 간판을 찍는 게 무슨 의미인지 되묻는 이들도 많다. 기록하지 않고 말하지 않으면 가치가 없다고 생각하기 쉽다. 새로 생긴 핫플레이스나 관광지가 아닌 경우 기록으로 남지 않으니, 늘 그 자리에 있는 익숙한 풍경은 주목받기 어려웠다. 분명히 가치 있는 장소임에도, 일상의 한 단면처럼 너무 자연스럽게 인식되어 무심코 지나치며 기록의 순간을 놓쳐왔는 지도 모른다.

서울 효창동의 희망식품 사장님은 가게 앞에 떨어진 낙엽을 쓸며 "요즘은 새로운 것을 좇아가기에 바쁜데… 이 구멍가게도 이 낙엽처럼 결국 사라지고 마는 게 아닌가 싶어요. 열심히 찍었는데 나중에 쓸모없어지면 어떡해요?"라고 물어왔다. 단시간에 뚝딱 만들어낼 수도, 흉내 낼 수도 없는 '시간'이라는 가치 하나만으로 충분한 의미를 지녔다고 답했다. 도시의 관점에서 보면 간판은 개인의 바람과 가치를 담은 세상

에 하나밖에 없는 상징물이고, 세월이 흘러 글자가 마모되면
서 독특한 예술작품이 되기도 한다. 더욱이 가게와 간판은 오
랜 세월 함께하며 길들여진 탓에, 서로에게 없어서는 안될 단
짝처럼 보인다.

1968년 국내 최초 주상복합아파트로 지어진 서울 을지
로 세운상가는 각종 전자제품의 메카로 불렸지만, 용산전자
상가가 생기면서 상권이 빠져나가 큰 어려움을 겪었다. 최근
도시재생사업으로 다시 활기를 띠기 시작한 이곳에는 새로운
카페와 식당들이 들어섰고, 공구 상가들 역시 새 간판으로 교
체한 곳들이 많았다. 그 속에서 칠이 벗겨지고 하얗게 바랜

수려하게 붓글씨를 써 내려간 후 글자마다 명암을 더해
평면 글자가 입체적으로 느껴지도록 만들었다.
"예전에 영화관에서 그림을 그리던 분이 간판을 만들어줬어요.
신식으로 바꾸라고 말하는 사람들도 있었지만, 이 간판이
우리 가게와 잘 어울린다고 생각했어요. 내가 직접 재료를 다듬고
만들어서 정성이 들어간 우리집 음식처럼 간판에서도
장인의 노력이 느껴지니까요."

유신박킹의 간판은 광택이 나는 주변의 새 간판들과 더욱 대비되어, 마치 세운상가의 맨얼굴을 보는 것처럼 낯설게 다가왔다. "50년은 더 됐죠. 예전엔 다들 동네 장인을 불러서 양철에다가 글씨를 썼어요. 오래됐다고 주변 가게들은 다 간판을 바꿨는데 나는 안 바꿨어요. 전통을 지키고 싶으니까요." 세월을 담은 유신박킹의 양철 간판을 보며, 특별한 의미를 찾지 않아도 이 가게가 사장님에게 얼마나 특별한 것인지 전해져왔다. 간판에 상처가 생기고, 글자가 떨어져 자국만 남았더라도, 가게의 주인들은 제 역할을 감당하느라 생긴 흔적이라고 자연스럽게 바라볼 뿐, 버리지 않는다. 덧칠하고 보수를 해서 계속 사용하고 있다.

　흔히 간판을 새롭게 만들거나 바꿀 때 주인의 의지와 노력이 들어간다고 생각하지만, 간판을 그대로 유지하고 굳이 바꾸지 않는 데에도 주인의 결단과 애정이 필요하다. 장사가 예전만 못하더라도 자신의 인생과 같은 가게를 사랑하고, 하루하루 부지런히 살아가는 사장님들의 정성이 담겨 있어서, 오래된 간판이 작품처럼 느껴졌는지도 모르겠다.

　시간의 조각품으로 느껴지는 이러한 간판을 보면 아름답다라는 말이 자연스럽게 떠오른다. '아름답다'라는 말이 '알다'라는 어원에서 나왔듯이 무언가 아름답다고 느낄 때는 겉모양뿐 아니라 그 속의 됨됨이를 알게 되면서 감탄하게 되는 듯하다. 꾸준히 일하는 이들과 조용히 나이 먹어가는 그들의

가게, 강렬한 빨간색이 은은한 다홍빛이 된 간판까지. 새로 지어진 편리한 곳들이 절대 흉내 낼 수 없는 시간의 깊이를 아름답다고 말할 수 있는 사람들이 많아졌으면 좋겠다.

손으로 만든 글자들

"예전에 간판을 만드는 건 참 손이 많이 가는 작업이었어요. 아크릴판을 글자 모양대로 톱으로 썰고, 한 면 한 면 이어 붙여서 만들었거든요. 다시 간판을 만들어달라고 하고 싶은데, 지금은 이렇게 하는 사람이 없죠."

요즘 간판은 컴퓨터에 입력하면 디자인한 화면이 그대로 출력되어 손맛이 사라진 간판들이 많다. 1984년 한국 최초의 한글 서체 개발 업체가 설립되었고, 서체가 대중화된 것은 개인용 컴퓨터가 보급된 90년대 이후다. 그 이전에는 간판 장인들이 간판에 어울리는 서체까지 손수 디자인해야 했다.

그러니 옛 간판들은 장인이 자신만의 손 글씨로 고안한 세상에 하나뿐인 글씨체를 보관하고 있는 것이다. 오래된 간판이 만든 이의 개성을 담고 있는 수공예 작품이라는 것을 알게 되자, 스쳐 지나갔던 간판의 모습을 꼼꼼하게 살피게 된다.

서울 서초동에 있는 무지개쇼핑센타는 '센타'라는 이름에서부터 역사가 느껴진다. 이곳은 1978년 서초 무지개아파트가 준공되었을 때 같이 지어졌다. 각각의 글자를 디자인한 뒤 철로 가공한 간판은 건물 외벽과 약간의 거리를 두어 붙였는데, 그 때문에 글자에 그림자가 생겨 더욱 입체적으로 느껴진다. 최근에 생긴 깔끔하지만 획일화된 간판들 사이에서 칼로 베어낸 듯 독특한 글씨체가 눈길을 사로잡는다. 글자 하나하나에 집중하여 허투루 만든 것이 없다. 각 자음과 모음에 포인트를 주면서도 전체 글씨의 조화로움도 포기하지 않았다.

간판의 글자를 디자인하고 가공하는 방법 또한 쉽지 않은 걸 알기에 가치를 알아봐 주고 기억하는 이들도 있다. 서울 성수동의 우당약국은 50년 동안 한 자리를 지키고 있다. 지역 사람들은 오래된 간판을 동네의 터줏대감처럼 여기며 아낀다. 간판 장인은 고무판에 글자를 조각한 이후 함석판에 부착하고 가게에 어울리는 색깔로 직접 페인트칠까지 했다. 당시 다양한 색상의 판이 나오지 않던 때라 페인트를 배합해 색을 만들고 여러 번 덧칠해 만들었는데, 시간이 지날수록 은은하게 색이 바래 깊이감을 더해준다. 글자는 쉽게 눈에 띄도

록 커다란 글씨로 간판을 가득 채웠다. 언뜻 보면 힘들이지 않
고 만든 글씨체 같지만 이응(ㅇ) 한 자만 자세히 보더라도 어떤
모음과 만나느냐에 따라 그 크기와 모양이 달라져 세심하게
구상했음을 알 수 있다.

자음과 모음, 받침이 결합해 다양한 글자가 만들어지는 한글의 원리를 따라 한 자 한 자 글자를 조합하다 보면 최소 2,350자의 글자가 나온다. 글자들이 모였을 때 조화를 이루어야 하기 때문에 조합마다 다르게 크기와 간격을 조절하는 서체 디자인은 분명 인내가 필요한 작업이다. 간판 장인들도 메시지를 분명히 전달할 수 있는 힘 있는 글자를 디자인하기 위해 수많은 고심을 했을 것이다. 자신만의 글씨체로 비슷한 풍의 간판을 만든다고 할지라도 간판 이름에 따라 글자 디자인이 달라져야 하니 말이다. 의뢰가 들어오면 여러 모양으로 글자를 조합해보며 스케치했을 모습이 상상된다. 게다가 가게 주인의 취향, 당시의 기술, 간판이 달릴 외관의 모습도 고려해 만들었을 테니 더더욱 간판 장인의 고뇌가 담긴 소중한 창작물로 느껴진다. 그저 간판장으로 불렸을 간판 장인들이야말로 한글디자인의 한 시대를 일군 디자이너들이었다는 생각이 든다. 아직 거리에는 그들의 작품이 남아 있다. 익숙하게 만나는 풍경이라 무심코 지나치기 쉽지만, 가까이 다가가 찬찬히 그 고유한 글씨와 모양을 감상해보면 좋겠다.

서울 제기동의 태양컴퓨터크리닝은 티읕(ㅌ)과 키읔(ㅋ)을 만들 때
가운데 획을 긋는 대신 다이아몬드 도형을 넣어 조형미를 더했다.
분명 직선으로 조각하는 것이 가장 쉬운 방법일텐데도 고생을
마다하지 않고 아름답게 장식하려는 간판 장인의 노력이 느껴진다.

서울 봉천동에 자리한 수진의상실. 원단을 가위로 자르듯
글자마다 뾰족뾰족하게 가장자리를 잘라낸 모양이 독특하다.
의상실 간판답게 한 자 한 자 개성 있게 조각한 글자는
디자이너의 옷처럼 특별해 보인다.

40년 동안 서울 성북동 골목을 지키고 있는 반도이발관 간판은
자음을 굴곡 있게 조각해 빙그레 웃는 얼굴처럼 보인다.
직선 획을 과감히 곡선으로 만들어 가게 주인의 다정함을 돋보이게 한다.

쌍둥이 간판들

　닮은 글씨체, 비슷한 재질, 게다가 서로 가까운 거리에 있는 쌍둥이 간판을 발견했다. 분명 체인점도 아니고 엄연히 주인도 다른 곳인데 형제처럼 닮은꼴이라니. 특히 을지로는 붓글씨의 천국이다. 청계천 주변, 세운상가 안팎, 공업소 골목 곳곳으로 손으로 쓴 붓글씨 간판들이 즐비하다. 가게 앞에 가득 쌓여 있는 짐을 하나 치우면 그 뒤에 가려져 있던 붓글씨 간판이 나타나 보물찾기를 하는 기분마저 든다. 서예에서 붓을 움직이는 기술을 운필運筆이라 하는데, 딱딱한 연필이나 만년필과 달리 부드러운 모를 가진 붓은 드는 각도와 움직이

는 속도 등에 따라 선의 굵기와 부드럽고 거친 정도를 조절할
수 있다. 붓을 다루는 것은 어렵지만 자신이 원하는 대로 세
밀한 표현을 할 수 있어, 간판 장인들은 저마다의 개성을 살
린 고유한 필체를 가지고 있었다. 당시 간판 장인들은 페인트
통과 큰 붓을 실은 자전거를 천천히 끌면서 골목을 돌아다녔
고, 그들의 필체를 알고 있는 공업소 사장님들은 장인이 지나
가면 간판을 의뢰했다. 30여 년 전에 간판을 달았다는 평강절
단 사장님의 말에 따르면, 어느 한 장인의 솜씨가 입소문이
나면서 이 골목의 공업소들이 모두 같은 장인에게 간판을 부
탁해 모양이 똑같은 것이라고 했다.

세운상가를 세로축으로 보았을 때 그 서쪽에 위치한 입
정동과 동쪽에 자리한 산림동은 제조업이 많은 동네로 유난
히 손으로 쓴 닮은 간판들이 많이 보인다. 입정동은 삿갓 입笠,
우물 정井 자를 쓴 지명에서 알 수 있듯이 예로부터 갓을 만들
던 동네였다. '갓을 만드는 장인의 집에 우물이 있었다'는 유
래를 가진 지역으로, 도심형 제조업의 오랜 역사를 엿볼 수
있다. 세운상가가 건축된 이후, 이 일대에는 공구 상가와 소규
모 공업사들이 자연스레 들어서게 되었고 입정동에는 공구특
화거리가, 산림동에는 조각특화거리가 형성된다. 을지로 골
목은 복잡해 보이지만 나름의 질서를 가지고 운영된다. 만들
고자 하는 금형의 모양대로 나무틀을 만드는 '목형', 만들어진
나무틀에 모래를 덮어 주형을 만들고 쇳물을 부어 금속제품

을 만드는 '주물', 정교하게 금속을 깎아 가공하는 '정밀', 금속 표면을 매끄럽게 마무리하고 광을 내는 '빠우' 등 저마다 특수한 일을 하는 공업사들이 긴밀히 협업하며 한 몸을 이루고 있다. '탱크도 만들 수 있다'는 말이 나올 정도로, 설계도를 가지고 을지로에 가면 공구상이 필요한 재료를 찾아주고 없는 공구는 금형 제작에서 가공에 이르기까지 모든 공정을 지역 내에서 처리할 수 있어 어떤 상상이든 실현할 수 있는 제조 기술의 집합체로 불린다.

을지로에는 공구거리, 조각거리임을 나타내는 특별한 표지판이 걸려 있지는 않지만, 골목마다 가득한 붓글씨 간판

들이 자연스레 지역의 특성을 말해주고 있다. 대부분의 간판
은 주석을 도금하여 부식을 방지하는 얇은 강판인 함석판 위
에 하얀색 페인트로 배경을 칠하고 커다란 붓으로 단숨에 써
내려간 글씨들로, 1970~80년대에 들어선 공업사들과 세월을
함께하고 있다. 또한 붓글씨는 을지면옥, 강산옥 등 기술자들
의 든든한 한 끼를 책임지는 식당 간판에서도 볼 수 있다. 이
것은 제조업을 시작으로 그들을 대상으로 하는 소규모 업체
들도 함께 성장했음을 알려준다. 겨울엔 따뜻한 커피를, 여름
엔 시원한 칡즙을 배달하는 다방, 간이식당의 역할도 하는 슈
퍼, 매일 다른 반찬을 만들어 배달하는 백반집에 이르기까지
서로 돕고 의지하며 하나의 생태계를 이루고 있다. 백반집의
가격은 아침 식사는 삼천 원, 점심 식사는 오천 원으로 현재
물가와 비교했을 때 저렴한 편이며, 별도의 배달비를 받지 않
고 한 사람의 식사도 배달해준다. 구불구불한 골목길이지만
주문한 공업사의 위치를 잘 알고 척척 배달해, 그들의 친밀한
유대 관계를 짐작할 수 있다. 간판 장인 역시 을지로에 제조
업이 밀집해 있었기에 일감을 찾아 골목을 누볐던 것이 아닐
까. 붓글씨 간판은 을지로가 있었기에 피어날 수 있었던 문화
라는 생각이 든다.

"잘 쓴 글씨잖아요. 말이 쉽지 저렇게 쓰기 쉽지 않아요.
당시에도 연세가 많으셨으니까, 지금은 일하기 힘드실 거예요."
예능공업사 사장님은 장인이 만든 간판에 대한 자부심을 가지고 있었다.
그는 컴퓨터 커팅이 보편화되면서 공산품과 같은 간판이 만들어지고
있다며 손으로 쓴 작품과 같은 붓글씨 간판을 바꾸지 않을 거라고 했다.

입정동의 좁다란 골목 사이 한 벽면에는
공업사들의 이름이 빼곡히 적혀 있다.
선반 기계를 통해 부품을 정밀하게 가공하는
정밀 공업사부터 다양한 금형을 빠르게
회전시켜 그릇, 조명 갓 등을 만드는
시보리 공업사에 이르기까지
다양한 제조 산업이 을지로에 모여 있다.

산림동 조각거리에서 만난 신광시보리 간판은 전화번호가
한자로 적혀 있어 역사가 느껴진다. 글씨는 부드러우면서도
힘이 넘치고, 가장 강조하고 싶은 부분은 빨간색으로 크게,
부가적인 정보들은 파란색으로 작게 표기하고 있어
그 비율과 간격까지도 정성을 들였음을 알 수 있다.

서울 문래동 철공소 골목에서도 비슷한 모양의 쌍둥이 간판을 만나볼 수 있는데, 을지로와는 또 다르게 간판 장인이 손으로 도안을 그리고 직접 오려서 만든 시트지 간판들이다. 공통적으로 미닫이 유리문에 시트지를 붙여 밖에서 안이 보이지 않도록 하고, 그 위에 상호를 오려 붙여서 간판의 역할도 함께하고 있다. 공업사 사장님들은 시트지 간판이 외부의 시야를 막아주어서, 작업에 집중할 수 있도록 돕는다고 말했다. 또한 간판을 만들 때 사장님들은 자신의 기호를 전혀 전하지 않고 온전히 장인에게 맡겼는데, 간판 장인은 공업사마다 색이나 문양을 다르게 디자인하며 그 믿음에 보답하고 있었다. 간판 장인은 글자에 도형을 넣고, 격자무늬를 만들어 장식하고, 수고롭게 여러 가지 색을 사용하면서 세심하게 작업하고 있어 장인정신을 느끼게 했다. 글씨체는 커터 칼로 오려서 만든 만큼 비교적 자유롭고 경쾌한 것이 특징이다. 이응(ㅇ)의 중앙을 사선으로 잘라 문양처럼 만들거나, 자음의 모서리 끝에 동그라미 도형을 붙여 리듬감을 주기도 한다.

특히나 철공소가 빼곡히 모여 있는 문래동 4가에는 일제강점기 말기에 만들어진 영단주택단지[1]의 흔적이 고스란히 남아 있다. 영등포 일대에 군수산업체가 들어서면서 노동자들의 주택문제가 심각해지자 1940년대 조선총독부는 공공주택을 대량으로 공급했고, 문래동에는 651호가 지어졌다. 광복 후 주택은 철공소 공장으로 개조되었고, 1960년대 이후

1
『한국민족문화
대백과사전』

'영원히 전진한다'라는 뜻을 담은 영진정밀은
1985년 독산동에서 처음 사업을 시작했지만, 30여 년 전 문래동으로
이사를 오게 되었다. 그 당시 골목을 다니던 장인에게 의뢰해
시트지 간판을 만들었는데, 햇빛이 잘 닿지 않는 위치에 자리한 덕분에
여전히 사용하고 있다. 사장님은 즉석에서 오리고 붙여서
기술적으로 만들었다며 간판 장인을 회상했다.

분래동 공업사들은 공통적으로 입구가 새시 문으로 되어 있고,
그 위에 셔터가 달려 있어 작업을 마치면 셔터를 내린 후 퇴근을 한다.
새시 문 위에 시트지를 붙이는 것은 작업하는 모습을 가려주기
때문이고, 셔터를 닫는 것은 약한 유리문을 보완해주기 위해서다.

경제개발5개년계획의 영향을 받으며 철공소 단지로 자리매김하게 되었다. 1990년대에 이르러 문래동에 있던 대규모의 철재 상가들과 대형 공장들은 서울 외곽으로 이전하게 되었고, 소규모 기계·금속업종 지역으로 남게 되었다. 게다가 IMF 외환위기를 겪으며 빈 점포가 나오기 시작했고, 저렴한 임대료에 매력을 느낀 예술가들이 자리를 잡으며 문래창작예술촌이 형성되기도 했다.

또한 이 시기에는 대규모 공장이 부도가 나면서 자신이 가지고 있던 기술을 살려 1인 공업사를 차리는 곳들이 늘어났다. 간판 장인은 이들을 대상으로 시트지 간판을 제작했다. "그분 얼굴은 다 알죠. 직접 찾아와 간판 작업이 필요하지 않은지 물어오기 때문에 연락처는 알 필요가 없어요." 시트지는 현장에서 바로 작업할 수 있기에 간판 장인은 간단한 작업 도구를 들고 다녀 자연스럽게 골목에서 만나 의뢰하는 이들도 있다. 시트지 간판이 만들어진 시기는 1990년대 이후로 30년 안팎이며, 새로 이전해 오거나 오래되어 교체를 원하는 공업사들이 있어서 간판 장인은 여전히 활동 중이다.

간판 외에도 문래동에도 철공소 골목이 존재하기에 어우러지는 업종들이 있다. 공업소 사장님이 거래처 손님과 미팅을 할 때 찾는 다방, 저렴한 가격의 식사를 제공하는 백반집, 포장마차의 역할까지 하는 슈퍼, 불에 잘 붙지 않는 소재의 작업복을 만들어 파는 가게 등이 그것이다. 문래동에서 최초로 작업복을 만들기 시작한 태창피복은 봉제산업이 사양길에 접어들면서 공장 운영이 어렵게 되자, 미싱 2대만 들고나와 1990년에 작업복 가게를 차렸다. 기술자가 많으니, 뜨거운 불 앞에서도 작업할 수 있는 튼튼한 옷을 만들면 수요가 있을 거라고 생각했던 것이다. 사장님의 예상은 적중해 옷을 찾는 이들이 많았고, 이후 몇 곳의 작업복 가게들이 더 생겨나기도 했다.

쌍둥이 간판은 제조업이 터를 닦고 있었기에 생겨날 수 있었던 정경이라는 것을 깨닫게 된다. 비슷한 글씨체와 생김새 때문에 모두 같은 간판처럼 보이지만, 사실 그 지역의 특성에 맞게 만들어진 맞춤형 간판인 것이다. 을지로에는 함석판 위에 붓글씨로 적은 간판을, 문래동에는 새시 문을 선팅해 만든 시트지 간판을 만들며, 그 지역에서 쉽게 구할 수 있는 재료로 공업사의 구조를 반영해 작업을 했다는 것을 알 수 있다. 더욱이 평평하지 않은 굴곡진 면에도 페인트가 흘러내리지 않도록 글씨를 쓰고, 장식을 더해 형태미를 만들어내면서도 중요한 정보들이 잘 읽히도록 구성하는 그들의 노하우가 궁금해진다. 처음에는 비슷한 글씨인 듯 보였지만, 장인의 일관된 솜씨로 만들어진 쌍둥이 간판이야말로 지역의 삶이 녹아 있는 고유한 이야기로 읽힌다.

영 실크
271-8719

창경궁로5길
Changgyeonggung-ro 5-gil
20

영
실크
PCRYCE
철판·아크릴안

직접 만든다,
DIY 간판

　　'그저 (가게 광고하는) 간판'이라고 여기면 놓치게 되는 것들이 너무나도 많다. 거리의 간판들에서 생활의 지혜를 발견할 수 있기 때문이다. 가게 주인은 "비용을 아끼려고 그랬죠"라고 무심하게 대답하기도 하지만, 저마다 고심한 흔적이 역력한 간판에서는 만든 이의 재치를 느낄 수 있다. 문래동 철공소 골목에서는 주인이 직접 만든 독특한 간판들이 눈에 띈다.

　　신흥상회는 1975년에 문을 열어 2대째 이어지고 있는 곳인데, 오랫동안 지속하기 위해 노력했던 사장님의 손길을 가게 곳곳에서 느껴졌다. 간판도 그중 하나로, 흔히 보아왔던 간판 재료가 아닌 건축 외장재로 쓰이는 스티로폼 단열재로 만들었다. "건축재료 파는 곳에서 사다가 페인트로 글씨를 썼어요. 저녁에 장사를 안 하니 형광등을 넣을 필요는 없어서 간단하게 만들었죠. 도심 속에 있거나 체인점처럼 건물도 깨끗하다면 간판도 그래야 하는데, 여긴 동네에 있으니까 화려하지 않아도 괜찮잖아요. 그렇다고 어디 빠지는 간판은 아니죠?" 사장님은 간판에 대해 물어 오는 사람은 처음이라며, 희미해진 기억을 떠올려 대답해주었다. 간판은 제법 크기가 크고 굴곡까지 있었는데, 그럼에도 깔끔하고 일정하게 글자가 적혀 있어 사장님의 꼼꼼한 성격을 느낄 수 있었다.

우경베벨기어 간판은 하얀 아크릴판에 파란색 시트지로 이름과 연락처를 오려 붙이고, 가장 중요한 업종인 '베벨'을 빨간색 시트지로 만들어 한눈에 정보가 잘 읽힌다. "IMF 때 만든 간판이에요. 다 어려웠을 때니까 조금이라도 더 절약하자 싶어서 직접 만들었죠. 원래 기계를 판매하는 회사에 다녔는데, 1996년에 부도가 나면서 나올 수밖에 없었어요. 다행히 기계에 대해 잘 알고 있었으니까 베벨 전용기를 사서 공업사를 시작했어요." 가게 이름은 사장님 첫째 아들의 이름인 우성, 둘째 아들의 이름인 경민에서 각각 첫 글자를 따서 만들었다고 했다. 이야기를 듣고 보니, 막막한 상황 속에서도 가족들을 생각하며 사업을 일군 가장의 우직한 힘이 간판에서 느껴졌다.

창신동에 있는 2평 남짓한 철물점 앞에는 '열쇠수리'라고 적힌
손 간판이 걸려 있는데, 빨간 매직으로 글자를 적고 청 테이프를 둘러
색에도 포인트를 주었다. 사장님에게 세상에 하나뿐인 글씨를 찾고
있다고 하자, "이게 딱 그거네. 내가 직접 쓴 거니까"라고 답했다.
이렇게 손 글씨로 적은 간판을 보면 필요한 것을 직접 만들어내는
기지를 느낄 수 있다.

시트지를 직접 잘라 여닫이문에 붙여 작은 간판을 만들었다.
손으로 쓴 반듯한 글씨에서 튀어나온 획을 동그랗게 표현해
글자 하나하나에 다정한 마음을 담았다.

이전 간판을 재활용하는 경우도 종종 보이는데,
폐업한 간판 위에 대범하게 페인트 혹은 매직으로
글자를 적어 리폼한 옷처럼 독특한 느낌을 준다.

주인이 직접 만든 간판들은 기성 재료가 아닌 일상의 소재들을 재활용한 것이 많아 만든 이의 기발함을 엿보는 재미가 있다. 을지로의 삼화철물은 다양한 재질의 문고리들을 입구 전면에 붙여놓아, 샘플을 전시한 것이지만 박물관에 온 것처럼 호기심을 자극한다. 서울 마장동의 고물상은 모아놓은 고철 중에 가장 평평한 것을 골라 간판으로 꾸몄고, 부서진 가구의 한 귀퉁이에 글자를 적어 간판을 대신한 철물점도 있었다. 다른 사람들의 눈에는 쓸모없어진, 버려진 것들이었는데 용도에 맞게 다듬고 디자인해 간판으로 재탄생시킨 것이 놀랍기만 하다.

일상적인 물건 자체가 간판이 되기도 한다. 접이식 바둑판을 재활용해 입간판으로 사용하고 생수 통에 물을 채워 주차금지 표지판으로 삼은 것이다. 성북동에 있는 세차장의 경우, 빨간 양동이에 '영업 종료'라고 글씨를 적어놓고 평소에는 본래 목적대로 사용하다가 문을 닫은 후에는 입구에 뒤집어두어서 임시 간판으로 활용하기도 했다. 이렇게 찬찬히 거리의 간판들을 살펴보면 상상을 초월하는 그 활용도에 감탄하게 된다.

또한 즉석에서 만들어지는 간판도 있다. 종이는 구하기 쉽고 다루기도 편해서 즐겨 사용하는 재료인데, 시장에 가면 종이 위에 적힌 손맛 가득한 글씨들을 볼 수 있다. 포항 죽도

시장 안에 위치한 매일분식집에 가면 하얀 종이에 '매일'이라
고 적고 웃는 얼굴을 그려 넣은 간판이 있다. 작은 그림이지
만 사장님의 살가운 마음이 느껴진다. 가게 안에는 손 글씨로
적은 또 다른 글귀가 붙어 있다. "어서 오이소. 처음 오시면
초면이라 반갑고, 두 번째 오시면 구면이라 반갑고, 세 번째
오시면 단골이라 반갑고, 네 번째 오시면 가족 같이 반갑습니
다"라는 명문장이다. 음식을 만드느라 바쁜 사장님은 이렇게
편지를 대신한 글을 남겨 정성스럽게 환영의 마음을 전한다.
메뉴가 추가되거나 안내하고 싶은 것이 생기면 즉석에서 쓱
쓱 매직으로 적는다. 그리고 청 테이프로 테두리를 둘러 내구
성을 높인다. 그러면 종이는 빳빳해지면서 쉽게 떨어지거나
찢어지지 않아 간판으로도 손색이 없는데, 어떻게들 아셨는
지 이런 방식으로 만든 곳들이 꽤 많다.

거리의 간판들은 목적에 따라 변신하기도 한다. 성북동
동아철물은 창고의 셔터를 간판으로 활용한다. 셔터 위쪽에
는 '차고 앞 주차금지'라고 쓰고, 아래쪽에는 '수도·집수리'라
고 업종을 적었다. 문을 닫았을 때에는 주차금지를 알리는 표
지판으로, 영업을 할 때에는 셔터를 올리되 끝까지 올리지 않
고 수도·집수리 부분은 남겨두어서 간판으로 사용하고 있다.
분명 간판은 거리에 고정되어 있는 것이지만, 효과가 있을 때
까지 이렇게도 저렇게도 바꾸어보고 덧붙여보면서 만들어가

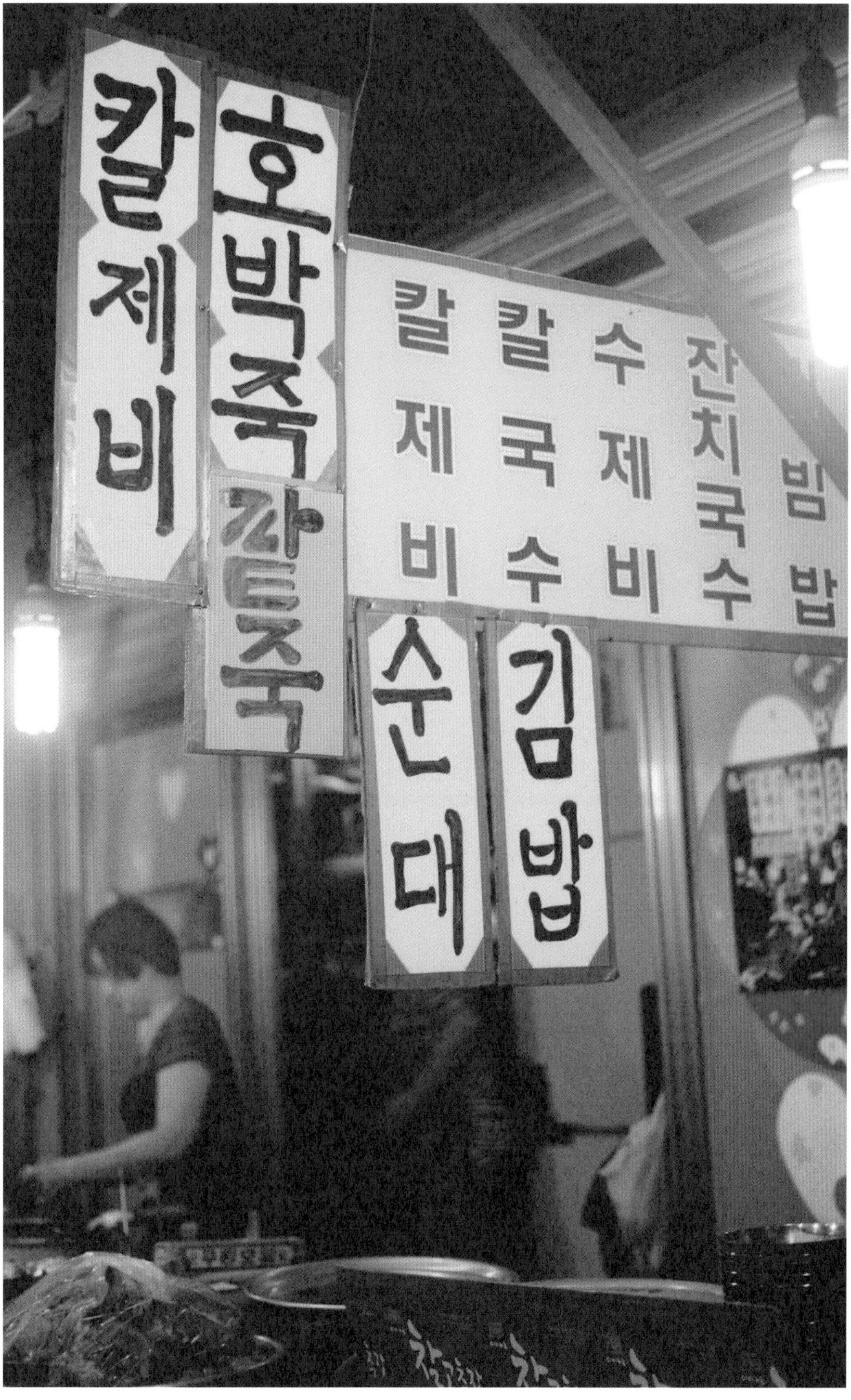
칼제비
호박죽
팥죽
칼제비
칼국수
수제비
잔치국수
빔밥
순대
김밥

는 모습이 흥미롭다. 가게의 필요에 의해 만들어진 것이지만, 계속 변모하는 간판은 거리에 생기를 더하고 그 역동성은 도시가 살아있음을 느끼게 해준다. 어디서든 어떻게든 최선의 방법을 찾으려던 고민의 흔적, 노력의 과정이 간판의 형태가 아닐까.

도시의 나이테

　　오래된 가게들의 특징 중 하나는 간판이 여러 개라는 것이다. 처음 가게를 열었을 때 목공소에서 만든 나무 현판, 글자를 입체적으로 만들어 눈에 잘 띄게 만든 정면 간판, 그리고 조명을 넣어 만든 측면 간판까지 시대가 흐르면서 새롭게 제작된 간판이 하나씩 늘어간다.

　　문래동 경성정밀은 새로 만든 알루미늄 측면 간판과 함께, 함석판에 붓글씨로 적은 정면 간판이 있는데 을지로에서 익히 보았던 글씨체다. 2대째 운영하는 공업사로 40년 동안 청계천에 자리했지만, 재개발이 진행되면서 2019년 문래동으로 이전하였다. "오래된 곳이었는데 다 버려지는 것 같아서, 하나는 남기고 싶어서 간판이라도 가지고 왔죠." 가게를 옮길 수밖에 없었던 사장님에게 간판은 유일하게 간직할 수 있는 추억이자 증표였다.

도시의 관점에서 간판은 이주의 역사부터 광고물의 변천사까지 보여주는 한 겹의 나이테다. 간판의 바탕이 되는 함석판 하나도 만들어진 시기가 있기 때문에 일상적인 공간 속에서도 우리는 도시의 역사를 읽을 수 있다. 가게의 일대기가 기록되어 있지는 않지만, 간판의 재질과 제조 방식이 정직하게 역사를 말해주고 있다.

새로운 소재들이 생산되고 제작 도구가 발전함에 따라 시대별로 유행하는 간판이 달라진다. 산업혁명 이후 등장한 페인트는 일제강점기 때 '뺑끼'라고 불렸는데, 나무나 천, 돌과 같은 천연재료 위에도 글씨를 쉽게 쓸 수 있게 해주었다. 그 당시 나무판 위에 단색 페인트를 이용해 치과에서는 이와 잇몸을, 양화점에서는 고무신을 그려 넣고 상호를 적는 방식으로 주로 제작했다. 1946년 우리나라 최초의 페인트 회사인 삼화페인트가 설립되었고 이후 방수, 노후 방지, 결로 방지 등 다양한 기능을 더한 제품이 출시되면서 페인트는 간판을 만들 때마다 빠질 수 없는 재료가 되었다. 함석판이 상용화되면서 1960년대에는 함석판에 하얀 페인트를 칠하고 그 위에 컬러 페인트로 붓글씨를 쓴 간판이 주로 제작되었다. 을지로에 있는 한성식품 간판의 경우, 함석판에 구멍을 뚫고 철사를 연결해 고정해놓은 것을 볼 수 있다. 당시의 제작 도구는 못과 망치, 철사와 본드 정도였기 때문에 두껍게 만들어 무게를 더하기보다 쉽게 붙일 수 있도록 평면으로 만들어진 것이다.

　　네온 간판의 역사는 1939년 김광균 시인의 시 『와사등』
에 등장할 만큼 오래되었다. 네온 간판은 전력 소모가 많아
사용이 금지되다가 1960년대 후반 네온 간판의 규제가 풀리
면서 유행하기 시작했다. 유리관을 자르고 구부려서 글씨를
만들고, 그 안에 기체를 넣은 뒤 고압의 전기를 흘려보내 형
형색색의 빛을 발하는 네온 간판은 도시의 화려한 야경을 만
들었다. 기본적으로 네온을 넣으면 주황색 빛을 내고, 다른
기체를 혼합해 다양한 색을 만들기도 한다. 헬륨을 섞으면 붉
은색을, 질소를 혼합하면 노란색 빛을 발한다. 특히나 낙원
장, 서울장, 귀빈장 등 여관 간판에서 네온 간판을 많이 사용
하는데, 조선 시대 나그네들의 숙소였던 주막에서 등불을 밝
혔던 것처럼 현대에 와서도 형태가 달라졌을 뿐 목적은 같았
다. 주로 야간 영업을 하는 가게에서 만들었고, 예전에는 비
싼 제작비로 인해 어느 정도 규모가 있는 곳에서만 만들 수
있었다.

　　박완서의 단편소설 『부끄러움을 가르칩니다』에서 종로
일대를 '아크릴 간판의 밀림'이라고 표현할 만큼 1970~80년
대는 거대한 아크릴 스카시 간판의 전성기였다. 스카시는 스
카시보리すかしぼり라는 일본어에서 유래했는데, 금속, 목재 등
딱딱한 재료의 면을 도려내거나 깎아서 원하는 문양을 만드
는 조각 기법을 말한다. 아크릴판 혹은 고무판 위에 디자인한

글자 도안지를 올리고 그 모양대로 스카시 톱으로 잘라서 글자를 땄다. 글자에 높낮이가 생겨 입체감이 살아나고 상호가 부각되어 널리 제작되었다. 당시 아크릴판은 색상이 들어가면 단가가 높아졌기 때문에 주로 백색으로 나왔고 글자에만 컬러 페인트를 칠해 만들기도 했다.

　　1980년이 되어 점착 시트가 나왔고, 유리창 위에 시트
지를 바르고 글자를 잘라 붙이는 선팅 기법으로 광고하는 곳
들이 생겨났다. 먼저 주가 되는 색상의 시트지를 바탕에 붙이
고 상호와 함께 도형과 캐릭터를 잘라 붙이며 장식을 더했다.
보통 미용실 유리문의 시트지는 정보보다는 멋을 내기 위해
'미용'이나 'beauty'라는 단어를 반복하고, 약국 앞은 빨간색
으로 '약' 자만 붙여놓는 등 공통된 형식도 보인다. 당시 시트
지 간판은 직접 글자를 디자인하고 색이 추가될 때마다 해당

색상의 시트지에 모양을 내고 커팅한 후 일일이 떼어서 붙여야 하는, 손이 많이 가는 작업이었다. 1990년대 실사 출력 기계가 나오면서 디지털 프린팅으로 대체되어, 지금은 컬러 출력기를 이용해 좀 더 쉽게 제작할 수 있게 됐다.

1990년대부터 건물에 빈 공간만 보이면 간판이 붙어 '간판 공해'라는 말이 나오기 시작했다. 빌딩의 외관을 알 수 없게 온 벽면이 간판으로 도배되었는데, 이때부터 손으로 만든 독특한 느낌은 사라지고 조명을 넣은 사각 프레임 형태로 일반화되었다. '플렉스'라고 부르는 천 위에 인쇄하고 그 안에 형광등을 넣어 만든 '파나플렉스' 간판이 보편화되었고, 출력기만 있으면 비교적 쉽고 빠르게 만들 수 있었다. 1993년 경량화가 이루어진 알루미늄 프레임이 보급되면서 크기가 커져도 벽면에 쉽게 부착할 수 있게 되어, 규모와 상관없이 모든 가게에서 대형 간판을 만들게 되었다.

아이러니하게도 간판을 강조할수록 더 커진 간판들 속에 묻히게 되었고 도시미관을 해친다는 비판의 목소리가 높아졌다. 이에 서울시를 시작으로 모든 지방자치단체에서 간판개선사업을 시행하게 되었다. 서울시는 2008년 「옥외광고물 가이드라인」을 발표해, 글자 크기를 줄이고 빨강, 노랑 등의 원색 사용을 지양했으며, 그림을 넣은 판류형보다 글자 위주의 입체형 제작을 권고했다. 이러한 가이드라인을 따르는

사업이 꾸준히 증가하며, 처음에는 간판이 작아지면서 건물 외관이 정리되어 깔끔하다는 인식을 주었지만, 지역마다 차별성 없이 같은 재질과 비슷한 디자인으로 간판이 만들어지면서 간판이 획일화되어 간다는 문제의식을 남겼다.

"지금은 간판이 규격화되고 기계가 발전하면서 만든 이의 개성이 사라져가는 것 같습니다. 오히려 특별한 제작 도구도, 정형화된 간판 소재도 없었던 때의 간판들이 기성화되지 않아서 더 매력적으로 느껴집니다." 14년 동안 간판 디자인 및 시공을 해온 강대겸 제작자는 옛날 간판들은 장인들이 부족한 제작 환경에서 저마다 지혜를 짜내어 만들었기 때문에 소박하지만 같은 모양이 없고 독특하다고 말했다. 정부에서 시행하는 간판개선사업은 좋은 의도에서 시작되었으나, 옛 간판이 그 자체로 도시의 다양성을 만드는 디자인이자 옛 기술과 소재를 담은 보고라는 사실을 간과했다. 다양성은 다른 모양만이 아니라, 다른 연도에서도 비롯된다. 오래된 도시인데 전부 새것뿐이라면 정말 이상하지 않은가. 옛 간판을 개선해야 할 구역이 아니라, 도시의 나이테가 남은 지역이라고 자연스럽게 바라보면 좋겠다. 도시의 이미지는 새로운 무언가를 만들어서 완성되는 것이 아니라 이미 있던 것들과 조화를 이루며 변모해가는 것이니 말이다.

부르고 싶은
이름에 대하여

　　몇 년 전 인디밴드식 이름 짓기가 인터넷 유머로 유행한 적이 있다. 지금 입고 있는 하의 색깔과 마지막으로 먹은 음식 이름을 합하면 밴드 이름이 된다는 것이다. 검은족발, 핑크콜라, 그레이라면 등 사람들은 줄지어 댓글을 달며 상상하지 못한 이름들에 재밌어했다. 실제로 밴드 이름을 보면 의외의 단어들을 조합해 강렬한 이미지를 만들어낸다. 어떤 밴드는 수많은 단어를 종이에 적고 그중 두 개의 제비를 뽑아 만들었다고 하고, 멤버들과 함께 떠난 무전여행에서 잊을 수 없었던 기억을 밴드 이름에 녹인 경우도 있었다. 또 헌책방에서 본

소년잡지의 이름에 매료돼 밴드 이름으로 따오기도 하고, 낯선 독일어로 의미를 담아 짓기도 했다. 이렇게 다양한 방식으로 독특하고 매력적인 이름을 만들기 위해 고심한다.

그에 반해 오래된 간판들을 보면 어딘가 비슷비슷하고 익숙한 이름들이다. 광장시장 옆에 위치한 한일약국은 45년 단골손님이 있을 정도로 오래된 가게인데, 특별한 뜻은 없고 사람들이 부르기 쉬운 이름으로 지었다고 한다. 40년 역사를 가진 충무로 학다방 역시 기억하기 쉬운 편안한 이름으로 골랐다고 말한다. 특별한 의미를 담은 것이 아닌 부르기 쉬운 이름을 지으려고 했다는 사실이 놀라울 따름이다. 지역은 달라도 한 동네처럼 비슷한 이름의 간판이 전국 곳곳에 산재되어 있다. 어딜가나 흔히 보이는 현대마트, 현대전기조명, 현대부부치과, 현대향기세탁 등 '현대'가 들어간 이름부터, '털보'라는 단어가 들어간 털보자전거, 털보비디오만화 등 주인의 생김새가 연상되는 비슷한 간판을 볼 수 있다.

이처럼 가게 이름들은 서로 유사한 모습을 보이는데, 그 특징을 살펴보면 수식어와 업종명으로 단출하게 이름을 짓고 있다. 누구나 간판을 읽고 이해할 수 있도록 '개미', '백합'과 같이 익숙한 단어에, 이곳이 어떤 곳인지 쉽게 파악할 수 있는 '세탁', '미용실'과 같은 업종명을 적는 것이다. 식당의 경우 산성손칼국수, 원대구탕처럼 파는 품목이나 음식명이 업종명을 대체하기도 하지만, 대부분 간판은 업종과 명사 혹은 형용사 단어의 조합으로 이루어졌다. 명확한 기준으로 분류하기는 어렵지만, 크게 다섯 가지로 이름 짓는 법을 정리해본다.

　첫 번째, 누가 장사를 하는지를 강조한다.

　특히 미용실에서 누가 머리를 손질하는지 간판에서부터 확인할 수 있다. 희선미용실, 황미용실, 이강숙헤어라인 등 사장님의 이름이 들어간 미용실을 쉽게 찾을 수 있다. 때때로 간판에는 사장님의 이름이 아닌, 사장님이 처음 기술을 배웠던 가게 이름이 들어가기도 한다. 서울 연남동 진주머리방 사장님은 30여 년 전 처음 미용을 배울 때 보조로 일했던 곳인 진주머리방의 이름을 그대로 가져와 사용했다. 서울 후암동 광일이발관 사장님 역시 사장님의 성함이 아닌 60여 년 전 일을 가르쳐준 사수의 이름을 달았다. 사장님에게 기술을 익히게 해준 미용실과 이발관은 이미 오래전에 문을 닫았지만, 그 배움을 기억하는 이들로 인해 여전히 영업 중이다. 동네 병원에서도 의사의 이름이 적힌 간판을 쉽게 볼 수 있다. 윤진열소아과, 박대양의원 등 이름을 내건 간판들은 그 자체로 신뢰를 준다. 간판을 보며 불현듯 '어릴 적 우리 동네에도 장소아과의원이 있었는데….' 하고 잊고 있던 추억 하나가 되살아났다. 이렇게 저마다의 사연을 담은 이름 간판은 그 자체로 향수를 불러 일으킨다.

두 번째, 중요하게 여기는 가치나 포부를 적는다.

믿음미용실, 성실이용원, 소망피아노, 우정떡집, 정확당, 행복건강원 등 간판 이름을 보면 가게 사장님이 중요하게 여기는 가치가 무엇인지 알 수 있다. 우리에게 친근한 단어인 '장미'도 주인의 가치를 담은 이름이다. 서울 사당동 장미미용실은 '예쁜 장미처럼 손님들의 머리를 곱게 단장해주겠다'는 마음을, 답십리 고미술상가의 장미방은 '꽃 중에 가장 화려한 꽃인 장미처럼 섬세하고 솜씨 좋은 고미술품들을 널리 알리겠다'는 포부를 전하고 있다. 장미방은 조선 시대 만들어진 경대, 장신구부터 자수로 만든 보자기, 주머니에 이르기까지 한 땀 한 땀 정성이 들어간 오래된 물건들을 수집한 공간으

로, 사장님은 30여 년 전 고미술품의 아름다움에 매료돼 다니던 회사를 그만두고 매진했다고 한다. 흔하다고 생각했던 단어들이 오랫동안 가게를 지킬 수 있었던 원동력이었다는 것을 알게 되자, 묵직하게 다가온다. 이렇게 계속 바라보며 되새기고 싶은 의미들이 간판에 새겨져 있다.

세 번째, 주인의 소원이나 바람을 담는다.

오래된 간판들 가운데 가장 많이 보이는 수식어가 '소문난', '제일', '대성'이었다. 소문난국수집, 소문난곱창, 소문난돼지국밥, 소문난대박집, 소문난순대국 등 식당 이름 가운데 유독 '소문난'이 많았다. 뜨거운 불 앞에서 정성껏 만든 음식을 손님들이 맛있게 먹고 맛집이라고 입소문까지 난다면, 그래서 장사를 계속할 수 있다면, 이보다 더 소박하고 절실한 소원이 있을까. '제일' 또한 만만치 않게 많이 사용하는 단어로, 제일목욕탕, 제일분식, 제일이발 등 저마다의 분야에서 으뜸이 되기를 바라는 소원들이 느껴진다. 을지로 금속골목에는 45년 경력의 금형제작 장인이 만든 제일사라는 이름의 공업사가 있다. '세상에 수많은 기술자가 있지만 제일 잘하고 싶다'는 바람을 담은 곳이다. 장인은 집중하기 위해 항상 서서 작업했고 기계 소리를 벗 삼으며 묵묵히 한길을 걸어왔다. 그의 거친 손과 정직한 땀을 보면 절로 엄지를 치켜 올리게 된다. '크게 이룬다'는 뜻의 '대성'도 흔히 보이는 단어로, 대성

갈비, 대성철물, 대성전업사 등 다양한 업종에서 사용하고 있다. 이 밖에도 또와문구, 먹어봐닭강정, 여기어때국밥집 등 주인의 목소리가 들리는 듯한 간판들을 보면 그들의 간절함이 전해져 온다. 오늘도 자기 일을 누구보다 소중히 여기며 치열하게 일하는 가게 주인을 알기에 이러한 단어가 욕망이라기보다 소망으로 읽힌다.

네 번째, 이미 알고 있어 기억하기 쉬운 단어를 넣는다.

용산방앗간, 성산태권도, 종로자전거, 계동미용실과 같이 익숙한 지명을 적는 것이 그 예다. 가게가 위치한 지역 이름뿐 아니라 특산품이 유명한 지역 이름이 들어가기도 한다. 안성쌀·고추방앗간, 횡성정육점, 춘천닭갈비, 포항물회와 같이 이름 짓는 것이다. 지역의 인지도에 기대는 이름일 수도 있지만, 보는 이에게는 속담처럼 쉽게 연상이 되어 기억하기 쉬운 이름 같았다. 이 외에 타지인들에게는 낯선 지역 이름이지만 지역 사람들에게는 익숙한 명칭도 있다. 부산 초량동에서 마마혼수이불 가게를 보고 신기한 이름이라고 생각했는데, 바로 뒤에 마마맨션이 있었다. 서울 성수동에 있는 경일서점을 보고 사장님의 성함인가 싶어 주위를 둘러보니 바로 옆에 경일중고등학교가 있었다. 이처럼 지역 사람들이 익히 아는 아파트, 학교, 극장의 이름을 넣은 가게들을 흔하게 볼 수 있다. 주변의 큰 건물 이름에서 따온 작은 가게 간판들은

때때로 학교가 이전하고 극장이 사라진 이후에도 그 자리에
남아 지역의 역사를 안내하기도 한다.

　　다섯 번째, 업종과 관련된 은유적인 표현을 쓴다.

　　옷 수선집 맵시, 클래식한 CD와 LP를 판매하는 옥타브,
신발 가게 왼발오른발 등 어떤 가게인지 바로 연상이 되는 곳
들이 있다. 공덕동의 삼손이사짐 또한 업종에 잘 어울리는 이
름이라고 생각한다. 삼손은 성경에 나오는 인물로 블레셋의
도시 가자의 성문을 양쪽 기둥과 함께 통째로 뽑아 어깨에 메

고 옮겼다고 전해지는 괴력의 소유자다. 이름에서 삼손처럼 거뜬히 짐을 옮길 수 있다고 말하는 사장님의 센스가 느껴져 감탄하게 된다. 또 서울 염리동의 가위손헤어샵은 가위손으로 정원의 나무들을 다듬고 손질해주던 영화 주인공을 떠올리게 해 미용사의 화려한 솜씨를 짐작케 한다. 이 밖에 흥겨운 리듬의 차차차노래방, 기품이 드러나는 귀공자양복점, 사장님의 자신감이 느껴지는 맛자랑분식집 등 가게 이름에서 사장님의 재치를 느낄 수 있다.

간판에는 그 시대의 정서가 스며 있다. 그래서 같은 이름이라 할지라도 주인과 손님에게는 다른 뜻을 가진 고유한 이름일 것이다. 멀리서 보면 그저 기능적인 표지판 같지만, 가까이 다가가 간판의 이야기에 귀 기울여보면 사람이 보인다. 규모가 작아도 분명한 뜻을 담고 있음을, 저마다 의미를 가지고 일하고 있음을 발견하게 된다.

서울에는 왜
지방 이름의 간판이 많을까

　　공주슈퍼, 대구참기름집, 부여마트, 보령당, 순천식당,
전주집, 황해집… 이곳들의 공통점이 무엇일까? 바로 지방의
이름이 적혀 있다는 것, 그리고 모두 서울에서 만난 가게들이
라는 것이다. 분명 서울에 위치한 곳인데 간판에는 다른 지역
의 이름이 적혀 있다. 영덕횟집, 부산복집과 같이 고장의 특
산물과 연관된 이름이라면 홍보를 위해서라고 생각할 수 있
겠지만, 경북크리닝, 호남이발소, 부산미용실, 충북설비 등
지역 특성과 상관없는 서비스업종에서도 지방 이름을 쓰는
걸 보면 순전히 사장님의 마음이라는 것을 알 수 있다. 서울

남영동에 있는 황해집은 1973년 개업한 가게로, 스테이크와 부대찌개를 파는 식당이다. "남편 고향이 황해도예요. 남편은 6·25 때 가족을 데리고 피난을 와서 고생을 많이 했어요"라며 가게의 업종과 관계없이 그리운 고향의 이름에서 따온 것이라 했다. 문래동의 순천식당 역시 고향인 순천을, 서울 예지동에서 만난 보령당도 고향 이름인 보령을 붙여 만든 것이다. 사장님은 반가운 고향 사람을 만날지도 모른다는 기대로 가게 이름을 삼았고, 실제로 "혹시 고향이 보령이냐"며 들어와 묻는 손님들도 있었다고 했다. 이렇게 서울 곳곳에서 지방 이름으로 된 가게들을 마주하면서, 서울이 이주민의 도시임을 실감했다.

서울연구데이터서비스[2] 통계에 따르면 1955년 서울의 인구는 157만 명에서 1975년 688만 명으로 폭발적으로 증가했다. 산업화가 시작되면서 일거리를 찾아 서울로 올라오는 사람들이 많아졌고, '상경'은 시대적인 키워드였다. 『DRS02 각양각색 도시탐사』[3] 망원동 동아고급세탁소 사장님의 인터뷰에서도 그 당시 상황을 짐작해볼 수 있다. "우리 시대에는 보릿고개라는 게 있었어. 주로 지방에 살거나 외곽에서 사는 사람들이 서울로 많이 왔지. 주변에 거의 80~90%가 지방 사람들이었어. 나도 지방에서 올라왔는데, 전라도 끝에, 저기 담양이란 데가 있어. 기술 배우러, 공부하러 서울 오는 게 아니라 배가 고프니까 서울로 왔어. 무작정 많이. 서울에 목적이

2
data.si.re.kr

3
김민희, 김경은, 이은영 등, 『DRS02 각양각색 도시탐사』, 시민문화네트워크 티팟

있어서 온 게 아니라 무작정 온 거여." 주인의 이야기에서 알
수 있듯이, 먹고살기 위해서 무작정 상경해야만 했던 당시 상
황은 고향의 이름을 딴 가게 간판 속에도 고스란히 남게 되었
던 것 같다.

　"서울로 올라가서 잘살고 있던 친구가 있었어요. 서울
거지는 구두를 신고, 시골 거지는 털멩이를 신는다면서…. 털
멩이는 대충 성글게 엮은 짚신을 말해요. 친구는 어찌 살든
서울에 있으라면서 나를 올라오게 했어요." 동대문 생선구이
골목의 원조인 호남집 사장님은 1969년, 작은 가게를 할 수
있게 전셋값을 빌려준 친구 덕분에 상경하게 되었다. 자신을

믿어준 친구를 생각하며 열심히 튀김 장사를 해 빚을 모두 갚았고, 46년 전 지금의 위치인 서울 종로5가로 이전했다. 가게 이름을 지을 때 가장 먼저 생각난 것이 고향 이름이었고, 전라남도 나주가 고향이었던 사장님은 전라도를 부르는 명칭인 호남을 붙여 호남집이라고 이름 지었다. 처음에는 설렁탕을 주메뉴로 1년 정도 장사했다. 그러다 어렸을 적 생선을 연탄에 구워서 숯불구이로 먹던 기억을 살려 반찬으로 냈는데, 손님들의 반응이 뜨거웠다. "생선구이 집을 열면 대박이 나겠다"며 고기보다 생선을 더 찾았고, 이후 생선구이 집으로 완전히 전향했다. 그 주위로 전주집, 삼천포집, 목포갈치조림 등 고향 이름을 딴 식당들이 하나둘 생겨났고 이 일대는 생선구이골목으로 유명해졌다. 고향에 대한 향수, 어릴 적 먹었던 음식에 대한 추억은 사업의 동력이자 든든한 밑천이 되었다.

종로를 걷다 보니 '호남'과 관련된 지역 간판이 많았다. 호남이발소, 호남지물포, 호남상회 등 가까운 거리에서 같은 지명의 간판을 만났다. 산업화가 취약했던 호남 지역의 사람들이 고향을 등지고 일거리와 저렴한 집이 많았던 창신동, 숭인동, 무악동 등에 정착하며 고향에 대한 그리움을 나타낸 것이다.

서울 원서동 부여농축산물직판장의 사장님도 충청남도 부여가 고향이다. "운영한 지는 30년 정도 되었어요. 개인 사

보 령 다

굵은보석

보령당

업에 실패해서 어려웠을 때 고향에서 많은 도움을 받았어요. 그 고마움을 잊지 않으려고 지금도 쌀과 잡곡은 부여에서 가져오고 있어요." 가게는 식료품점과 정육점을 겸하고 있어 아이스크림을 꺼내는 청년부터 쓰레기봉투를 사러 온 아저씨, 엄마 심부름으로 주먹밥에 들어갈 소고기를 사러 온 아이까지 다양한 연령대의 사람들이 오고 갔다. "승훈이는 내년에 학교 가나? 지금 일곱 살이지?" 찾아오는 손님들의 이름도 외울 만큼 사장님에게 서울은 제2의 고향이 되었다. 자연스레 나고 자란 고향이 아닌 살아남기 위해 정착한 곳인 만큼 우여곡절도 많았을 것이다. 몇 마디의 말로 긴 세월을 짐작할 수 없겠지만, 지금까지 자리를 지킬 수 있었던 이유는 부단히 노력했던 삶의 치열함 때문일 것이다.

　"별 보며 나왔다가 별 보며 들어가요." 새벽부터 밤까지 해를 보지 못한 채 작은 가게를 일궈온 주인들 덕분에 한 세대의 이야기가 간판에 남아 있게 된다. 사회를 비추는 거울이라고 일컬어지는 노래, 영화와 같은 예술 작품만이 아니라, 상업 시설물로 여겨지는 간판 속에도 시대의 삶이 녹아 있다.

커프스드 패션

773·4866

28

단어에도
세월이 담겨 있다

간판을 그 도시의 삶을 함축한 기호로 여기며 가만히 관찰해보면 다양한 의미들을 발견하게 된다. 지금은 사용하지 않는 단어나 표기법을 오래된 간판 속에서 발견하기도 하고, 간판이 달렸을 당시의 사람들이 어떤 물건을 찾았는지, 유행했던 업종, 좋아했던 단어, 인기 있었던 캐릭터는 무엇이었는지까지도 알 수 있다. 우리가 눈여겨보지 않았을 뿐, 그땐 그랬지 하며 고개를 끄덕일 시절의 기억들이 간판 속에 담겨 있다.

간판에 적힌 단어만 보아도 특정 시대가 떠오르는 경우

가 있다. '88'이 그 예다. 1981년 국제올림픽위원회 총회에서 서울이 1988년 올림픽 개최지로 선정되고, 정부에서는 올림픽대로 준공, 올림픽공원 조성 등 기념비적인 사업을 진행할 만큼 올림픽은 시대의 화두였다. 개개인에게도 올림픽은 일생일대의 특별한 이벤트였고, 세계 경기를 유치할 정도로 한국 경제가 성장했다는 자긍심을 안겨주었다. 1984년에 문을 연 창원 교방동의 88이용원 사장님은 "그땐 다들 올림픽을 개최하게 되었다고 들떠 있었기 때문에, 올림픽이 연상되는 88로 가게 이름을 지었다"고 설명해 당시 분위기를 전해준다. 그래서인지 1980년대에 문을 연 가게 중에는 올림픽이용원, 88다방, 88당구장, 88부동산, 호돌이수퍼, 호돌이문방구 등 올림픽과 관련된 이름들이 많이 보인다. 아직도 도시 곳곳에는 올림픽과 관련된 흔적들이 남아 있어, 88올림픽이 80년대를 아우르는 사건이자 그 시절의 상징이었다는 것을 깨닫게 한다.

언어는 정밀해서, 미묘한 종결어미의 변화로 시대를 짐작하게 한다. 서울 미근동 기찻길에서 "책을 많이 읽읍시다"라고 적힌 포스터를 보고 단번에 이 일대가 오래된 동네라는 걸 알아차렸다. 을지로에서도 을지로삘딍, 수표삘딍 등 과거 외래어 표기법대로 발음하고 있는 간판을 보고 건물의 오랜 연식을 짐작했다. 외래어 표기법은 1948년에는 「들온말 적는 법」이라고 부르기도 했는데, 국어의 음운체계와 전혀 다른 언

어를 기록할 때 원음에 최대한 가깝게 표기하는 방법과 원음과는 다소 다르더라도 국어의 음운구조에 동화된 대로 표기하는 방법이 있었다. 1948년에는 원음을 최대한 반영하기 위해 음성기호[f]를 '퐁'로, [z]·[ʒ]를 'ᅀ'로, [ch]를 '춰'로 적는 등 새로운 자모나 부호를 사용하도록 했고, 현대국어와 동떨어진 표기법이라는 비판을 받았다. 이에 1958년 「로마자의 한글화 표기법」을 제정해 새 글자나 부호를 쓰지 않는 것을 원칙으로 수정했고, 1985년까지 시행되었다.

이후 1986년 「외래어 표기법」이 발표되어 지금까지 적용하고 있다. 제1항은 "외래어는 국어의 현용 24 자모만으로 적는다"는 것으로, 이때부터 '삘딩'은 '빌딩'으로 '쎈타'가 '센터'로 바뀌게 되었다. 제3항은 "받침에는 'ㄱ, ㄴ, ㄹ, ㅁ, ㅂ, ㅅ, ㅇ'만을 쓴다"라고 규정해 '슈퍼마켙'을 '슈퍼마켓'으로, '쵸코렡'을 '초콜릿'으로 표기하게 되었다. 제4항은 "파열음 표기에는 된소리를 쓰지 않는 것을 원칙으로 한다"라고 정해 '까페'를 '카페'로, '빠리'를 '파리'로 적게 되었다. 이렇게 외래어 표기법이 정리되면서 카렌다, 보이라, 로타리와 같이 표기법을 어긴 외래어는 점차 사라졌고, 캘린더, 보일러, 로터리라는 단어가 익숙해졌다.

한번은 을지로에서 '볼-트', '닛-불', '호-스'라고 적힌 간판을 발견했다. 문헌학자인 김시덕 교수가 쓴 기사[4]에 따르면, "어떤 단어가 장음長音임을 나타내는 '-' 기호는 일본어에서

4
「을지로3가
2층 벽돌 건물이
허물어지는 순간」,
『주간조선』,
2019년 1월 25일

흔히 사용되며 20세기에 일본어 단어를 한글로 옮길 때 함께
따라오고는 했다"라고 설명한다. 그 예로, 을지로3가역과 충
무로역 사이에 위치한 보양상가아파-트는 아파-트ァパート라는
일본어 단어를 그대로 옮기면서 장음 기호도 함께 넣었다는
것이다. 독특한 점은 일본어 단어에서 장음 기호가 없는 경우
에도 '볼-트'와 같이 장음을 표기하고 있다는 사실이다. 이에
김시덕 교수는 "아마 일본어에서 장음으로 표기할 것으로 추
측해 이런 표기법을 고안해냈을 것이다. 그 결과 전 세계 어
디에서도 볼 수 없는 '볼-트'라는 단어가 을지로에서 창조된
것이다"라고 해석하며, 을지로가 서울 100년의 역사를 볼 수
있는 '발견의 장소'라고 말한다.

외래어 표기법이 발표되기 전인 1967년 개업한
포항 로타리냉면은 '로타리'라는 단어에서부터 역사가 느껴진다.

'쟉크'는 독일계 지퍼 생산업체인 자크^{Jack}에서
나온 말로, 표준어는 지퍼^{zipper}다. 낯설게만 보이는 '쟉크',
'보이라'와 같은 단어를 보며, 오래된 간판이 과거
언어사용을 알 수 있는 문화 자료라는 생각이 든다.

이와 비슷하게 부산 동광동, 좌천동에서도 뉴-부산탕,
뉴-양화점이라는 간판이 보인다. 뉴-양화점의 간판은 군데군
데 글자가 떨어져 있지만, 분명 장음 기호의 흔적이 남아 있
다. 게다가 양화洋靴는 '서양의 신발'이라는 뜻으로, 새로운 문
물이 들어오고 이전에 사용하지 않던 외래어가 들리기 시작
하던 근대 역사의 한 장면을 담은 단어다. 1898년 광화문 부
근에 한국 최초의 양화점이 들어섰고, 1910년부터는 양화점
광고가 신문에 실리기도 했다.[5] 당시 왕족이나 외교관만 신을
수 있던 고급 신발 양화는 점차 기성화되었고, 1954년 금강

5
김은신,
『한국 최초
101장면』,
가람기획

제화, 1957년 엘칸토 등의 제화 업체가 사업을 시작하면서 브랜드 이름이 양화점 명칭을 대신하게 되었다. 한편 기성화와 차별화를 두기 위해 '수제화'라는 단어를 널리 사용하게 되면서 양화점 간판은 더욱 볼 수 없게 되었다.

지금은 너무 익숙해서 외래어 표기라는 것도 인식하지 못하지만, 그 당시에는 새로워서 다양한 표기법으로 적었던 단어들. 간판을 보면서 색이 바래가는 페인트, 깨진 벽돌 등의 물성이 아닌 단어 그 자체에도 세월이 담겨 있다는 것을 깨닫게 된다.

OB 베어

그림,
가장 오래된 전달 방식

치킨집에는 엄지를 내밀고 있는 닭이, 돼지국밥집에는 웃고 있는 돼지 얼굴이, 정육점에는 커다란 눈망울의 소 캐릭터가, 분식집에는 젓가락으로 라면 면발을 들어 올리는 장면이 간판으로 걸려 있다. 1990년대 다양한 색상 표현이 가능한 파나플렉스 간판이 출시된 이후에는 낙지, 인삼, 피자, 초밥 등의 사진을 넣어 메뉴판을 보여주듯 사실적인 모습으로 재현되었다. 제공하는 물건뿐만 아니라 서비스까지도 그림 간판으로 표현되었는데, 하얀 도복을 입고 발차기하는 소년을 그린 태권도장, 두 사람이 암벽을 타고 올라가는 모습을 입체

적으로 붙여놓은 실내인공암벽 간판이 그것이다. 이미지로
보여주는 간판은 글보다 보는 이에게 더 빠르게 정보를 인지
할 수 있게 도와주어 다양한 업종에서 보편적으로 사용한다.

　　조선 시대 말까지만 해도 주막의 처마 끝에 등을 매달고
술 주酒 자를 써넣은 것이 거리에 있는 유일한 간판이었다. 주
막은 나그네에게 술과 음식, 잠자리를 제공했기에 늦은 밤 쉴
곳을 찾는 외지인들의 눈에 쉽게 띄도록 등불을 켜서 알려야
했을 것이다. 그 외에는 실제로 판매하는 물건 그 자체가 간
판을 대신했다. 조선 시대 시장이었던 육의전은 나라에 필요

한 물품을 조달하는 대가로 특정 상품에 대한 독점권을 가졌다. 따라서 홍보할 필요도, 간판을 만들 필요성도 느끼지 않았다. 또한 "낫 놓고 기역 자도 모른다"는 속담이 있을 정도로 문맹의 비율은 굉장히 높았고, 사람들은 그저 가게 앞에 진열된 물건을 보고 찾아와 거래를 했다. 그렇게 가게 앞에 내놓았던 물건은 오늘날 대다수가 글을 읽게 된 이후에도 직관적으로 인식할 수 있도록 그림과 사진으로 남게 된 것이 아닐까 추측해본다.

재밌는 점은 간판에 표현된 그림에는 어느 정도 공통된 양식이 있다는 것이다. 미용실 간판이 대표적으로 전국 어디든 파마머리를 한 서양 여인의 이미지가 붙어 있다. 풍성한 금발, 짧은 파마머리 등 이국적인 외모의 여인들이 그려진 포스터가 붙어 있는데, 그 당시 동경했던 이미지를 짐작해볼 수 있다. 다방 간판의 경우도 찻잔 위에 따끈한 김이 올라오는 그림을 기호처럼 쓰고 있어 보기만 해도 푸근해지고 잠시 쉬어 가고 싶은 생각이 든다.

'한강의 기적'이라 불리는 급격한 경제 성장과 함께 소득 수준이 향상되면서 1970년대부터 텔레비전 보급률이 높아졌다. 따라서 매체를 통한 상품 광고가 활발해졌고, 기업과 제품의 로고 개발 또한 급증했다. 그 당시 만들어진 로고를 보면 글자 디자인과 함께 그림을 심벌로 자주 활용했다. 서울

수색동 수색아파트 한편에는 삼천리연탄 간판이 남아 있다.
"상표를 확인하세요"라는 문구와 함께 22개의 구멍이 뚫린
검은 연탄 그림이 보인다. 삼천리연탄은 1955년 삼천리연탄
기업사로 시작해 1964년 국내 최초로 22공탄을 개발하며 인
기를 얻은 기업이다. 이전에는 연탄구멍이 19개가 일반적이
었는데, 22개로 구멍의 개수를 늘리면서 연소가 활발해져 연
탄에 불이 더 잘 붙게 되었고 화력도 높아졌다. 이에 삼천리
연탄 상표에도 직접적으로 22공탄을 그려 홍보했던 것 같다.

　　당시 기업에서는 친숙하게 브랜드를 인식할 수 있도록
상표에 동물 이미지를 사용하기 시작했다. 서울 청량리종합
시장에서 만난 현주상회에서는 지금은 사라졌지만 한국 최초
의 과즙 음료였던 '펭귄알알이' 상표와 신사처럼 단정한 펭귄
이 그려진 펭귄 통조림 상표가 붙은 간판이 있다. 펭귄 통조
림은 1966년 대한종합식품(현 펭귄F&B)에서 만든 군수용 물
자로 시작해 수산물, 과일, 밥통조림에 이르기까지 천 여종의
가공식품을 출시했고, 통조림하면 펭귄을 떠올릴 정도로 대
중적이었다. 당시 설날 지면광고[6]에서는 상표 속 펭귄이 다소
곳하게 세배를 하고 있어, 친근하게 브랜드를 알리는데 활용
되었음을 알 수 있다. 그 밖에도 1946년 설립된 한흥산업(현
BYC)은 1957년 흰 속옷을 떠올리게 하는 백양이라는 이름으
로 상표를 만들어 흰 양을 심벌로 사용했다. 또한 1964년 설
립된 삼화금속공업주식회사는 1973년 우아하고 맑은 이미지

6
「통조림의 계절이
돌아오다!」,
『한겨레신문』,
2019년 5월 23일

를 주는 백조를 심벌로 사용했고, 회사 이름 역시 백조씽크로
변경했다. 이렇게 동물 그림은 상품을 쉽게 기억할 수 있도록
돕는 전달 방법이 되어, 1970년대 상표에서 널리 사용되었다.

언젠가부터 글로벌 기업을 지향하면서 동물 심벌은 없
애고 워드 마크word mark로만 특징을 잡아 모던하고 이국적인
느낌을 주는 로고가 많아졌다. 상표만 보면 생산한 국가가 어
디인지 짐작할 수 없을 정도다. 새로운 복고라 일컬어지는 뉴
트로New+Retro가 유행하면서 진로소주, OB맥주 등 기업들에서
는 예전의 동물 심벌을 활용해 다시 마케팅을 시작했는데, 이
것은 그림이 여전히 유효하다는 것을 증명하고 있다. 진로소
주의 경우 1955년부터 두꺼비를 심벌로 사용했다. 당시 두꺼
비[7]는 전래 동화나 화투 그림에서 보았던 우직한 두꺼비의 모
습처럼 불룩한 하얀 배를 내밀고 굵직한 두 발로 땅을 내딛고
있다. 1990년대 한글 이름이 유행하면서 진로가 '참이슬'로 바
뀌고, 상표에 있던 두꺼비는 색이 옅어지고 귀퉁이로 밀려나
존재감이 없어진다. 그 후 2019년 "진로 이즈 백Jinro is back"이
라는 카피와 함께 두꺼비는 이슬이 연상되는 초롱초롱한 눈
과 하늘색 몸통을 가진 귀여운 두꺼비 캐릭터로 재탄생한다.
그림 간판에는 그 시대의 사람들이 좋아하는 동물에서
부터 인기 있는 그림체, 지향하는 이미지까지 담겨 있다. 거
리의 그림들이 너무 익숙해서 독창적이지 않은 것으로 보이

7
「원숭이가 두꺼비로
두꺼비가 달팽이로
되기 위해…
우리는 그렇게
'술'펐나보다」,
『경향신문』,
2015년 10월 16일

기도 하지만, 얼마든지 응용할 수 있는 '뿌리가 되는 디자인'이라고 부르고 싶다. 요즘은 각 지방자치단체에서 만든 옥외 광고물 가이드라인에서 글자 위주의 제작을 명시해두면서 글자 안에 LED 조명을 매립한 형태의 채널 간판이 일괄적으로 만들어지고 있다. 기업에서 그림이 중심이 되는 브랜드 마케팅을 고민하듯이 지자체에서도 지역의 정체성을 반영하는 그림 간판을 만들 수 있지 않을까 기대해본다. 이어지는 그림 간판을 통해 한 세대를 대표하는 이미지가 전해질 수 있기를 바란다.

그때 그 가게

　간판이 생겨나고 사라지는 것을 보면서 도시가 살아 있다는 느낌을 받는다. 거리의 간판들은 나뭇잎처럼 색이 바래기도 하고, 낡은 부분이 떨어지고 곳곳에 새 간판이 달리기도 한다. 오래된 간판과 새로운 간판이 공존하는 풍경은 도시가 살아 있다는 증거로 비춰진다. 새로 생긴 간판은 요즘 유행하는 언어를 들려주고, 오래된 간판은 LP판처럼 옛 목소리를 담고 있는 것 같다. 간판은 길게 말하지는 않지만, 의미 없는 말은 하지 않는 소통의 창구이다.

　세탁소마다 '컴퓨터 세탁'이라고 적혀 있는 것이 신기해

세탁소 사장님에게 물어본 적이 있다. 컴퓨터 세탁, 컴퓨터 클리닝은 1980년대 자동 세탁기가 나오면서 사용하게 된 단어라고 알려주었다. "예전에는 세탁기가 수동이었어요. 물을 넣고 세탁기를 돌리고 물을 빼고 다시 물을 넣고, 세탁이 다 되면 직접 손으로 세탁물을 꺼내서 탈수기에 넣고… 다 사람 손으로 작동한 거예요. 그러다 어느 날 자동 세탁기가 나오면서 헹굼을 몇 번, 탈수를 몇 번 이렇게 공정별로 입력할 수 있게 됐죠." 그전에는 시간이 얼마나 지났는지 알 수 없어서 시계를 보면서 세탁해야 했는데, 자동 세탁기가 보급되면서 훨씬 빠르고 편리해진 것이다. 지금이야 촌스럽게 보이지만, 그 당시 '남들보다 빨리 기계를 사서 좋은 설비를 갖췄다'는 뜻으로 가게 앞에 '컴퓨터 세탁'이라 적게 되었다. 이렇게 세탁소 간판은 1969년 한국에서 처음 세탁기가 출시된 이후 수동에서 자동으로 기능이 향상되어 가는 변화 과정을 보여준다.

이불집, 혼수방 역시 시대를 느끼게 하는 간판이다. 마마혼수이불, 황제혼수방, 목화이불 혼수전문 등의 가게 이름에서 볼 수 있듯이 예전에는 혼수로 이불을 많이 가져왔고, 두꺼운 이불이 보물 1호인 시절이 있었다. 지금은 묵직한 솜이불을 잘 쓰지 않지만, 예전에는 집의 외풍이 세서 무거운 이불을 덮어야 잠을 청할 수 있었다. 또한 이불은 딸이 잘 살길 바라는 친정어머니의 마음을 담은 표현이었고, 혼수는 정

성을 담아 수공예로 만들어졌다. 하지만 시대가 변하면서 혼수로 침구류의 비중이 줄어들고 대신 가전제품이 증가하자 점차 혼수방, 혼수이불 간판도 사라져갔다.

또 하나의 과거 풍경이 그려지는 간판이 있는데, 바로 '쌀'이다. 요즘 거리에서 만나게 되는 쌀집은 대부분 비어 있거나 업종을 변경하는 공사가 진행 중이었다. 서울 삼각지에서 만난 쌀가게도 그중 하나였다. "35년간 삼각지를 지킨 할아버지의 쌀가게는 문을 닫습니다. 그동안 보내주신 이웃 여러분의 성원에 감사드립니다"라는 문구를 가게 앞에 붙여

놓으며 마지막 인사를 하고 있었다. 요즘은 쌀집을 찾아보기 어렵지만, 쌀은 우리 사회에서 음식을 넘어 부유함을 나타내는 하나의 지표였다. 보릿고개를 겪던 1960년대까지 국가의 최우선 목표는 쌀을 자급하는 일이었고, 자연스레 신문 기사에서도 쌀에 대해 언급하는 경우가 압도적으로 많았다. 이후 1977년 쌀 자급률 113%를 기록하고, 산업화가 이루어짐에 따라 쌀에 대한 관심은 점차 식었다. 지난 70년 동안 신문에 언급된 주요 키워드를 정리한 기사[8]에서는 쌀은 광복 이후 중요하게 다뤄지던 단어였으나, "1970년대 자동차에 역전당하고, 1980년대에는 전자도 쌀을 앞선다"고 기록했다. 세월이 지나 쌀집은 품목을 늘려 과일, 야채, 담배 등 다른 식료품을 겸해야만 가게를 유지할 수 있게 되었고, 인터넷으로 장 보는

8
「1980년대부터 '전자'가 '쌀' 추월… 강남 연관어 '제비'→'아파트'」, 『동아일보』, 2018년 8월 14일

것이 보편화되면서부터는 더 이상 견디지 못하고 가게 문을 닫는 곳이 많아졌다. 그리고 이제는 먹는 것을 걱정하던 시대에서 무엇을 먹을까 고민하는 시대가 되었다. 주식과 함께 다양한 간식을 즐기게 되면서 쌀집 자리에는 핫도그, 마카롱, 흑당버블티, 달고나커피 등 새롭게 유행하는 디저트 가게가 들어섰다.

시대가 바뀌면서 혼수방, 쌀집은 그 자체만으로 오래됨을 상징하게 만들었다. 상회, 복덕방, 의상실, 전파사, 전당포, 지물포도 마찬가지다. 전당포典當鋪와 지물포紙物鋪의 경우 둘 다 가게 포鋪 자를 쓰고 있는데, 예전에는 시계포, 자전거포 등 '가게' 대신 '포' 자를 넣기도 했다. 가게는 시대의 삶을 함축하고 있다. 그래서인지 오래된 간판 사진을 찍으면 한 폭의 풍속화처럼 느껴지기도 한다. 풍속화가 당시의 생활상을 묘사하는 것처럼 간판 역시 그 당시 사람들의 욕구와 필요를 말하고 있기 때문이다. 한 폭의 간판을 가만히 관찰한다면, 분명 한 시절의 이야기를 들을 수 있을 것이다.

무궁무진한
시간이라는 가치

'솔커피호프'라고 적힌 가게 안에는 근사한 레스토랑인 을지로미팅룸이 있고, '길손커피호프'라고 적힌 간판을 따라 들어서면 서점 노말에이가 있다. '행화탕'이라고 적힌 목욕탕에서는 전시와 공연이 열리고, '둘리비디오'라고 적힌 옛 대여점은 모임 공간으로 공유되어, 파티가 열리고 원데이 클래스가 진행된다. 빨간 페인트로 '약'이라고 쓰여진 새시 문을 열고 들어가면, 모카포트로 끓인 고전적인 커피를 맛볼 수 있는 역시커피가 있다. 1963년 당시 서른 살이던 박성열 약사가 개업한 부활약국은 50여 년의 세월동안 제기동 주민들과 함

께했지만, 80대에 접어든 약사가 은퇴하게 되면서 문을 닫게 되었다. 역시커피 사장님은 한결같이 자리를 지킨 부활약국의 시간이 한순간에 사라지는 것이 안타까웠고, 그 긴 세월에 존경을 표하고 싶어 약국의 흔적을 남기기로 했다. 동네 사람들은 추억이 가득한 약국을 기억할 수 있게 해주어 고맙다며 인사를 해왔고, 어느 날 약사가 찾아와 한참을 머물다 가기도 했다. 애정이 깃든 장소가 사라지지 않은 것에 감사하며 그림을 그려 선물하는 이도 있었다. 이렇게 오래된 터 위에 새로운 아이디어를 더해서 '잇는 공간'으로 인해 주변이 어떤 곳이었는지 지역의 역사가 전해지고, 과거를 기억하는 이들이 찾아올 수 있는 매개체가 남는다. 더군다나 오래된 자리와 그위에 들어선 새로운 공간은 서로를 보완해준다. 막 시작한 새로운 공간은 아직 쌓여 있는 이야기나 추억이 없어 뚜렷한 모습을 갖추기 전이라면, 오래된 가게는 그동안의 활동이 만든 역사와 정체성이 있다. 무엇보다 만들래야 만들 수 없는 고유한 분위기와 색채를 입혀준다. 오랜 흔적을 간직한 새로운 공간은 기존의 터를 없애고 높은 건물을 올리는 데에만 혈안이된 기존의 개발 방식에 경종을 울린다. 오래된 것을 없애야새로워지는 것이 아니라는 사실을, 정체성이란 단번에 찍어내듯 주조되는 것이 아니라 차곡차곡 쌓여서 만들어진다는것을 과정으로 보여준다.

요즘 간판은 정보 전달의 용도를 넘어 분위기를 만드는 사물, 혹은 풍경을 이루는 시각적인 요소로 진화한 듯하다. '빌딩'이라고 적힌 오래된 건물 5층에 자리 잡은 펍 신도시는 종로의 폐업한 게이 바에서 주워 온 간판을 달았다[9]. '신도시'라는 단어가 주는 분위기, 삼원색의 빈티지한 간판이 풍기는 이미지가 긴 세월이 쌓인 을지로와 잘 어울렸고, 세련된 새 간판을 만들기보다 옛 간판의 이름과 모양을 그대로 활용했다. 미술작가와 사진작가가 만드는 공간답게 신도시는 이들의 콘텐츠를 보여주는 쇼룸에 가까운데, 작가들이 직접 만든 책과 디자인 작업물에서부터 페인트로 만들어낸 마블링 테이블, 선택한 음악 목록까지 이들의 손길을 느낄 수 있다. 대구 신천동 카페 킵온KEEP ON[10] 역시 새로 간판을 달지 않고, 옛 동네 가게의 흔적을 그대로 살렸다. 이곳은 원래 포차로 사용된 가게였는데 이전 간판을 제거하고 나자, '정원전자'라고 적힌 옛 전파사 간판이 남아 있었다. 붓글씨로 적은 오래된 간판은 미술작품처럼 감각적으로 느껴졌고, 주인은 카페 업종을 명시한 간판을 다는 것보다 이 공간이 어떤 곳인지 호기심을 불러일으키는 이미지가 더 매력적이라고 보았다.

이렇게 굳이 새 간판을 만들지 않는 추세인데, 이것은 붉은 벽돌, 옛 자국이 남은 콘크리트 등 세월을 담은 공간이 주는 깊이감과 손으로 만든 옛 간판에서 느낄 수 있는 따뜻한 감성에 기대는 면이 있다. 오래된 시간과 새로운 콘셉트가 교

9
어반플레이,
『아는동네
아는을지로』,
어반플레이

10
2018년~2020년까지
운영

·©칠성조선소

차하는 공간은 어디든 똑같은 모양인 체인 브랜드보다 만든
이의 취향과 가치를 느끼게 해주었고, 새로 건축한 공간들보
다 오히려 시선을 끌었다. 이처럼 간판으로 무엇을 파는 곳인
지 정의 내리기보다, 어떤 경험을 주는 곳인지 느끼게 하고 공
간만의 개성을 담는 것을 중요하게 여기는 곳들이 늘고 있다.

뉴트로가 트렌드가 되면서 오래된 정서를 새롭게 바라보는 시선이 늘었다. 옛 간판을 없애지 않고 그대로 사용하는 식당이 뉴트로 공간으로 소개되고, 버려진 공장이 복합 문화 공간으로 재탄생되는 등 세월이 담긴 공간과 간판이 재조명받은 것이다. 가끔 오래됨을 그저 디자인을 위한 요소, 인테리어를 위한 재료 정도로 바라보는 경우도 있다. 하지만 뉴트로는 옛것을 익혀서 새로운 것을 안다는 뜻의 사자성어 온고지신溫故知新에 가깝다.

속초의 칠성조선소는 과거가 새로운 창조를 끌어내는 원천이라는 사실을 가장 잘 보여준다. 칠성조선소는 1952년부터 2017년까지 65년 동안 목선을 만들고 수리하던 조선소였다. 시대가 변하면서 목선이 플라스틱 배로 대체되고, 어획량이 급감하면서 수산업 경기가 어려워지자 문을 닫아야 하는 지경에 이르렀다. 3대째 조선소를 운영하던 최윤성 대표는 집이자 삶터인 조선소를 허물지 않고 지킬 수 있는 방법을 고민했다. 그는 가족들이 함께 살던 집은 청초호를 바라보며 커피를 마실 수 있는 카페로, 배를 만들던 작업장은 조선소의 기억을 보존하는 전시 공간으로, 나무를 자르고 켜던 공간은 아이들이 뛰어놀 수 있는 나무 놀이터로 재창조했다. 그뿐만 아니라, 조선소와 관련된 물건, 사진, 기록, 일했던 사람들을 인터뷰하며 쌓은 구술 자료 등 칠성조선소를 이룬 것들을 찾아 나섰다.

2019년 9월에는 칠성조선소의 간판 글자가 서체로 만들어지기도 했다. 간판 글씨는 2대 칠성조선소 대표였던 최승호 전 대표가 직접 페인트로 쓴 것이다. 예전에는 목선의 건조 작업이 끝나고 마지막 공정으로 뱃머리에 이름을 썼는데, 조선소마다 자신들만의 고유한 필체가 있어 글씨만 봐도 어느 조선소의 배인지 알 수 있었다. "배의 선수부는 위로 갈수록 넓어지는 모양이다 보니 배에 글씨를 쓰려면 올려다보며 작업을 해야 하는데요. 아버지의 눈에 자꾸 페인트가 들어가서 눈을 씻으시던 모습이 기억에 많이 남습니다." 최윤성 대표는 일평생 배를 만든 아버지의 흔적이자 칠성조선소의 정체성을 담은 글씨가 사라지지 않기를 바랐고, 서체 회사인 산돌커뮤니케이션 측에 제안해 '산돌 칠성조선소체'를 출시했다. 과거를 애정 있게 되새기고 그 속에서 새로운 이야기를 발견하는 것, 뉴트로는 오래됨이 무궁무진한 콘텐츠의 원형이라는 사실을 다시금 깨닫게 한다.

황금 알을 낳는 거위가 겉으로는 반짝이지 않지만 그 속에서 상상조차 하지 못한 황금이 만들어지는 것처럼, 익숙하게 우리 주변을 지킨 자리들 역시 낡은 외형을 지녔지만 새로운 문화와 다양한 콘텐츠를 만들어낼 수 있다. 오래된 건물이 새로운 창조가 일어나는 바탕이 될 수 있다는 것을, 오래된 자리를 지우는 것은 그 위에 쌓일 새로운 시도를 없애는 것이라는 사실을 직시하는 생각의 전환이 필요하다.

2장 　　　　　　　간판에

　　　　　　　　　　쌓인

　　　　　　　　　　시간

이어 쓰는 간판,
이어지는 신념

　"가게 주인이 바뀐다고 누가 이름을 바꿔요? 아, 요즘은 바꾸나요?" 간판 사진을 찍을 때 가끔 나를 놀라게 한 것은 가게의 주인이 바뀌었는데도 간판을 바꾸지 않는다는 사실이었다. 가게를 인수하고 자신의 이름을 건 새 간판을 달고 싶을 법도 한데, 이전 간판을 그대로 둔다. 업종이 같다면 예전부터 오던 손님들이 되돌아가지 않도록 굳이 새 이름을 달지 않는다. 어렸을 적 아버지도 회사에 다니다 동네 정육점을 인수해 장사를 시작했다. 아버지는 보성식육점이라는 이전 가게 이름을 그대로 사용하였는데, 생업으로 여유가 없기도 했

지만, 간판이 그리 중요하지 않다는 이유에서였다. 깔끔하게
잘 붙어 있으면 됐다고, 사람들은 간판이 아니라 좋은 품질을
보고 다시 오는 거라고 했다.

서울역 뒷골목에 위치한 개미슈퍼는 100년이 넘는 시간
동안 자리를 지키며 동네 사랑방이 되고 있다. 2011년도부터
개미슈퍼를 운영하는 5대 사장님은 슈퍼 앞집에서 나고 자
라, 이곳은 사장님에게도 각별한 추억의 장소다. 주인이 바뀌
었으니 간판도 바꾸고 싶지 않았는지 물어보자, "오래된 것을
없애고 싶지 않았어요. 여기 화분도 그렇고 이미 있었거나 동
네에서 주워 온 거예요. 아직 쓸 만한 것들인데 재활용해서 쓰
면 되죠"라고 답했다. 작지만 부지런한 개미처럼, 알뜰히 가게
살림을 운영하는 사장님을 보며 가게 이름과 똑 닮았다는 생
각이 든다. 외국인을 위해 영어와 중국어로 된 안내문도 손수
적어놓은 배려 덕분인지 이곳은 유명한 관광지가 되었다. 인
근 게스트 하우스에 머물며 필요한 식료품을 사 가던 외국인
들은 한국을 떠나기 전 사장님과 함께 기념사진을 찍었고, 다
시 한국을 방문했을 때 이곳에 들르는 것을 잊지 않았다.

40년의 역사를 가진 충무로의 학다방도 20여 년 전 종
업원으로 일했던 지금의 사장님이 인수했는데, 가게 이름과
전화번호도 그대로 사용한다. 주인은 자신의 가게를 촌스럽
다고 표현했지만, 예전의 맛과 저렴한 가격까지 그대로여서

찾아오는 단골손님들이 많다. 주로 주변 인쇄소에서 커피를 주문하는데, 종이컵이 아닌 무거운 도자기 커피잔을 들고 배달을 간다. "종이컵이 편해서 좋지만, 종이 냄새가 나니까 커피 향이 덜한 거 같아서요. 컵을 따끈하게 데워서 갖다드리면 따뜻하게 마실 수 있으니 좋잖아요"라며 수고롭지만 예전 방식을 고수한다. 신기한 것은 다방에서 마시는 것보다 배달이 더 저렴했는데, 홀에서 마시는 것이 한 잔에 이천 원이라면 배달은 두 잔에 삼천 원, 추가 주문은 한 잔당 천 원이었다. "배달이 더 싼 이유는 저도 잘 모르겠어요. 초창기부터 그렇게 해서…. 부담 없이 시켜 드시라고 그렇게 했겠죠." 경기가 어려워 장사를 그만두어야 하나 싶다가도 "갈 곳이 많이 사라졌는데 이곳이 남아 있어서 좋다"는 손님들의 말을 들으면 계속 문을 열어야겠다고 다짐하게 된다는 사장님. 브랜드 이름을 보고 들어가는 카페와 달리 이곳은 브랜드가 곧 사장님 자신이었다.

사당동 설화철물은 1980년 당시 동네 주민이었던 사장님이 가게를 인수했는데, 이전 가게 주인의 고향에 있는 산 이름인 설화산에서 따온 상호를 그대로 사용했다. 간판을 바꾸지 않은 이유를 물어보자, "귀찮아서도 안하고, 돈 들어서도 안하고"라고 짧게 답했는데 그만큼 사장님에게 간판은 중요한 것이 아니었다. 그보다 꾸준히 운영하는 것이 중요했기에 외형은 신경 쓰지 않았다. 녹슨 간판, 낡은 선반, 잠금장치가 없는 오래된 나무 돈통까지 이전에 쓰던 것을 그대로 사용했다. 요즘도 전자계산기가 아닌 주산으로 셈을 해, 오래된 가게의 모습이 돋보이기도 했다. 단 하나 달라진 것은 리어카가 아닌 직접 1톤 트럭을 몰고 배달을 한다는 점이다. "처음부터 아는 사람이 어디있겠어요. 우연히 뭐 사러 왔다가, 그 사람이 다른 곳에 가서 일하게 되면 또 내게 주문하죠. 그렇게 연결되어서 동네만이 아니라 점점 일하는 범위가 넓어졌어요." 설화철물의 사장님은 여자다. 철물점은 대부분 남자가 운영하고 건설 현장에도 남자가 대다수여서 "왜 아줌마가 왔어요?"라고 짜증 섞인 목소리로 말하는 사람도, 얼마 일하지 못할 거라고 무시하는 사람도 있었다. "힘든 상황에 마음이 끌려다니면 안 돼요. 난 할 수 있다, 못하는 게 어딨냐고 생각했죠." 그렇게 사장님은 그만의 근면함과 배짱으로 40년 동안이나 가게를 유지했다.

가게 주인들은 상호가 독특해서 혹은 동네에서 인지도가 있었기 때문에 간판을 계속 사용한 것이 아니었다. 그들에게 간판은 만들어진 것이 아니라, 자신의 힘으로 만들어가는 것이었다. 슈퍼, 다방, 철물점 등 생활과 밀접한 가게였기에 본업에 충실한 것이 곧 가게의 이름을 지키는 방법이었다. 간판은 성실히 일해온 사람들의 흔적일 따름이다.

형제라는 이름으로

"간판을 만들 때는 다 뜻이 있지. 그럼. 각자 자기 생각을 담아서 만드는 거야." 간판 이름의 뜻을 물어보면, 가게 사장님들은 이렇게 덧붙였다. 사장님의 성함일 거라고 추측하던 간판도 한자로 뜻을 담아 지은 이름이었고, 우리가 익히 알고 있던 단어도 막상 다른 뜻을 가지고 있었다. 그런데 여지없이, 예상했던 의미와 맞아떨어지던 이름이 있었으니, 바로 '형제'였다.

초량동 형제이용원 사장님은 "옛날에… 50년 전에 형제가 같이 시작했어요"라고 말했고, 사당동 형제철물 사장님 역시 "형제가 같이한다고 해서 형제라고 지었어요. 80년도 초에 여기로 이사할 때 이전 간판을 그대로 가져왔어요"라고 답했다. 이처럼 1970~80년대에 만들어진 가게에서 유독 '형제' 간판이 많이 보였고, '형제가 힘을 모아 일한다'는 뜻으로 이름을 짓게 되었다고 대부분 말하였다. 서울 답십리에 있는 형제 카센터 역시 형제가 함께 일하는 곳이다. 1982년부터 지금까지 카센터를 운영하고 있는 사장님은 "딴 게 없어요. 어려서부터 먹고살려고 기술을 배웠어요"라고 답하며, 지금까지 계속 카센터를 운영할 수 있었던 것은 형제간의 신의 덕분이라고 했다. '믿음과 의리'라는 뜻을 가진 '신의'와 '형제'라는 단어가 다르지 않다는 생각이 들었다.

유교 사상을 따르던 조선 시대에는 특히 형제간의 우애를 담은 설화가 많았다. '의좋은 형제' 이야기가 대표적인데, 대략의 줄거리는 이러하다. 한 마을에서 농사를 짓던 형제는 추수를 마치고 서로를 생각한다. 형은 동생이 결혼한 지 얼마 안 돼 살림을 마련해야 하니 쌀이 많이 필요할 거라고, 동생은 형이 식구가 많으니 자신보다 쌀이 더 필요할 거라고. 그날 밤 형은 몰래 밖으로 나가 자신의 볏단을 동생의 논으로 옮겼고, 동생 역시 형의 논에 자신의 볏단을 놓고 돌아온다. 아침에 일어난 형제는 지난밤 볏단을 날랐음에도 전혀 줄어들지 않은 모습에 놀란다. 의아해하며 다음 날 밤에도 서로의 논에 볏단을 옮긴다. 같은 일을 반복한 셋째 날 밤, 형과 아우는 길

에서 만나 자신의 볏단이 줄지 않은 이유를 알게 되고, 더 깊
은 우애를 다지게 된다는 이야기다.

　　현대에 와서도 이 정서는 이어져 1975년 농심 라면 광
고에서는 "형님먼저 아우먼저"라는 카피를 만들어 인기를 끌
었다. 급격한 산업화가 이루어지면서 시대가 각박해질수록
이런 정서는 강조되어 1980년에는 〈형님먼저 아우먼저〉라
는 영화가 제작되기도 했다. 특히나 의형제, 형제애 등의 합
성어를 만들며 돈독함을 나타내는 대표적인 단어로 한국인의
정서를 표현해왔다.

　　동대문신발도매상가로 향하는 좁은 사잇길에는 신발
깔창에 상호를 새기는 작업장인 형제사가 있다. 간판 이름처
럼 30년 동안 형제가 함께 일해온 곳이다. "형제들은 서로 믿
잖아요. 다른 사람이 아닌 동생과 함께 일하면 일을 맡겨놓아
도 안심이 되죠." 신발이 공장에서 자동으로 뚝딱 완성되어 나
오는 줄 알았지, 이렇게 분업화되어 깔창에 금박, 은박 등으로
상호를 찍는 일만 하는 업체가 있는 줄은 몰랐다. 사장님에게
어떻게 이 일을 하게 되었는지 물어보았다. "처음에는 을지로
에서 종이 인쇄 일을 했어요. 한참 됐죠. 중학교 졸업하고 바
로 올라왔으니까 1970년도에 시작했네요. 요즘엔 디지털로
인쇄하지만, 그때는 금속 활자로 된 글씨를 하나하나 뽑아서
조판하여 찍었죠. 인쇄 일이 하기 싫어서 다른 일을 알아보았

는데, 그때는 인쇄소 옆에 다른 제조업들이 같이 있었어요. 비슷하게 금속을 파서 찍는 거니 한번 해봤죠. 이 일이 더 쉬웠던 건 아닌데 먹고살아야 하니까 일을 해야만 했죠." 그렇게 형이 먼저 기술을 배우고 동생에게 알려주면서 사이좋게 일했던 형제사는 지금은 형만 남아 있다. 사장님은 나이가 있다 보니 동생이 먼저 하늘나라로 갔다며, 그동안의 발자취가 쌓인 작업장을 애써 덤덤히 바라보았다.

이 밖에도 형제대장간, 형제용접, 형제샤링, 형제정밀 등 제조업 분야에 특히 '형제' 이름을 가진 곳이 많았다. 1960년대 정부에서 수립한 경제개발계획은 수출 주도형 성장 전략으로 가발, 섬유 등의 경공업을 시작으로 금속, 기계 등의 중화학 공업으로 발전해나갔다. 그러니 오래된 간판 가운데에는 수출을 위한 물품을 생산하는 제조업 분야가 많을 수밖에 없고, 경제적으로 어려웠던 시대를 함께 견뎌내려던 형제들의 노력이 간판에 남은 것이었다. 간판에서 어려울 때일수록 함께하려고 했던, 같이 이겨내려고 했던 간절한 마음이 전해져 왔다. 앞으로도 오랜 시간 '형제'의 의미를 지켜나갔으면 하는 바람이 든다.

작은 문화 해설사들

　　나에게 오래된 동네는 오래된 가게가 남아 있는 곳으로 기억된다. 동네를 사랑하는 가게 사장님들이 문화 해설사가 되어 지역의 알려지지 않은 유적들, 옛 주민들과의 추억에서부터 동네의 변천사에 이르기까지 보석 같은 이야기를 들려주기 때문이다. 살아 있는 역사와 같은 이들이 없는 동네는 사라진 유물들의 흔적만 남은 발굴터처럼 무미건조하게 느껴진다. 창덕궁 후원의 서쪽이라는 뜻을 가진 원서동은 궁궐의 돌담길이 동네의 경계이자 통행로가 될 정도로 오래된 동네인데, 1977년도부터 주민들과 함께한 럭키세탁소가 그 역사

롤 말해주고 있다. 세탁소 간판을 처음 걸던 날 찍은 사진을 보니, 고층 건물들이 들어선 지금과 달리 단층집만 가득해 세월의 흐름을 실감하게 했다.

"동네 어르신들께서 거의 다 돌아가시고 지금은 몇 분 남지 않았어요. 옛 주민들이 사라지고 동네의 추억까지 다 없어지면 안 되잖아요. 잊어버리지 않기 위해서 어르신들과 틈틈이 이야기를 나눴어요." 사장님은 자신보다 먼저 원서동에 머물렀던 어르신들을 통해 동네의 이전 모습을 많이 알게 되었다. 6·25 전쟁이 끝나고 원서동에는 가옥들이 없어지고 아카시아만 가득해 다들 '동산'이라고 불렀다.

지금은 하천 복개 공사가 이루어져 평범한 도로가 되었지만, 원래 동네의 북쪽에서 남쪽으로 개천이 흘렀고 그 가장 위쪽인 원서동 30번지 일대에는 빨래터가 흥왕했다. "저도 40년 전만 해도 거기서 빨래를 많이 했어요. 수돗물을 아낀다고 다들 빨래터로 나왔죠. 리어카에 이불을 싣고 오는 사람도 있었고요." 1950년 청계천 옆으로 줄지어 생겨난 판잣집들과 주변에서 흘러들어 온 생활 오수로 청계천은 더 이상 빨래를 할 수 없는 지경이 되었고, 그 당시 종로에 살던 사람들은 빨랫감을 이고 원서동 빨래터까지 찾아왔다고 한다. 이곳 빨래터는 조선 시대부터 궁궐 내에서 흘러내려 온 깨끗하고 풍부한 수원으로 사시사철 마르지 않았고, 1980년대 말까지 서울 3대 빨래터 중 하나로 애용되었다. 여전히 빨래터는 그

자리에 있고 앞에는 표지판도 세워져 있지만, 모르고 지나치
기 일쑤였다. 하지만 동네 해설사가 되어주는 럭키세탁소 사
장님 덕분에 멀지 않은 역사로, 우리를 키워낸 삶의 현장으로
생생히 와닿았다.

　　포항 죽도동에는 철물점부터 정밀, 볼트, 기계, 건재라
는 이름을 가진 공업사들이 많다. 이 가운데 구대정밀은 글자
모양대로 고무판을 자르고 색칠해 만든 간판으로, 단순하지
만 하나뿐인 글씨체여서 어떤 사연이 있는 곳인지 늘 궁금했
다. 쭈뼛쭈뼛 서성이고 있는데, 사장님은 "커피 한잔 하고 갈
랍니까? 끓여 먹는 거 있는데 들어오소! 나도 딸만 있어갖고
딸 생각이 나서…"라며 먼저 문을 열어주었다. 1987년도에 생
긴 이곳은 자동차 정비에서부터 금속 가공, 용접, 선반 밀링
등의 작업을 하는 철공소이다. "고등학교 봄 방학 때 심부름
으로 자연스럽게 철공소에 와봤어요. 신기해서 계속 구경하
니까 일하고 싶어지더라고요. 당시에는 대학 진학할 형편도
안되고, 삶이 어려우니까. 기술을 배워놓으면 밥은 안 굶는다
고 해서 학교를 졸업하고 바로 일을 시작했어요. 대구에서 배
우다가 서울 올라가서 또 배우고, 고생을 많이 했죠. 서울에서
지내다보니 다시 내려오고 싶더라고요." 그렇게 사장님은 고
향으로 내려와 '오랫동안 크게 계속되어라'는 뜻을 담아 구대
정밀을 만들었다.

1968년 포항제철이 설립되고, 세계 규모의 제철 회사로 성장하며 금속과 관련된 일들이 많아 포항 일대가 북적였다. "90년대 초반까지 나만 일이 많은 게 아니고요. 여기 철공소들이 다 바빴어요. 기계는 한정되고 일은 많으니까 사람들이 융자를 내서 기계를 더 사고 그랬죠. 그런데 IMF가 와서 이자는 높고 일거리는 줄어드니까 부도가 많이 났어요. 누가 알았겠어요? 일이 계속 많을 줄 알고 기계를 산 거지. 저는 그때 대출을 받지 않아서 타격이 덜했어요." 하지만 직원 네 명과 함께 일하던 철공소는 사장님 혼자가 되었고, 많던 기계들도 싼값에 처분해야 했다.

사장님은 가게 앞으로 원래 칠성천이 흘렀고, 하천 주변으로 포장마차들이 들어서서 밤길을 밝혔다고 알려주었다. 야근을 일삼던 인근 근로자들에게 새벽까지 영업을 하는 포장마차는 인기였고, 부담 없이 쉬어 갈 수 있는 아지트가 되어줬다고. 하지만 침수 우려가 있다고 판단한 포항시에서 하천 복개 공사를 실시해 포장마차거리도 자연스레 사라졌다. 어쩐지 근처에 복개천아구찜, 복개식당 등의 이름을 가진 가게들이 있었는데, 하천이 복개된 이후에 생겨난 곳들이구나 싶었다. 이렇게 사장님의 인생 이야기를 들으면 자연스레 지역의 역사를 알게 된다.

전주 서노송동에 있는 포도식당 역시 지역의 산증인이다. 전주국제영화제가 열리는 영화의거리에서 시청 방향으로

5분만 걸어가면 거리가 한산해지고 오래된 가게들이 곳곳에 보인다. 빼곡한 빌딩 숲에서 2층 주택 건물로 점점 낮아지는 스카이라인을 따라 걸으면 시간을 역행하는 기분이 드는데, 한자리에서 40년이 넘도록 가게를 운영한 포도식당 사장님은 이런 지역의 변화를 오롯이 겪었다. "예전엔 여기가 전주에서 제일 번화가였어요. 관공서도 많고 전주역이 있었거든요. 역 앞은 학원가였어요. 이리(지금의 익산)에서도 기차를 타고 공부를 하러 왔죠. 그런데 역이 옮겨 가고 이젠 구도심이 됐어요. 그러니 높은 빌딩도 없는 거죠." 전주역은 1914년 서노송동에서 영업을 시작해 1981년 현재 위치인 우아동으로 옮겨졌다. 역이 이전한 이후에도 포도식당 주변에 역앞철물점 같이 역과 관련된 간판이 아직 남아 있어, 지난 역사를 조용히 말하고 있는 듯하다.

　"세상은 명백한 사실들로 가득하건만 아무도 관찰할 생각을 하지 않는다네." 셜록 홈스의 대사처럼 우리가 자세히 바라보지 않았을 뿐, 오래된 것은 흔적을 남긴다. 작게는 가게의 역사를, 넓게는 지역의 일대기를 말해주고 있다. 이렇게 간판은 가게를 알리는 표지판을 넘어 사회를 읽을 수 있는 하나의 이야기가 된다. 도시의 거대한 흐름에 비해 작디작은 간판이지만, 도시를 이루는 하나의 조각이자 고유한 단서를 가진 문화 자료이다. 가게의 주인들은 "그냥 장사하며 살았어요.

이곳에서 아이들을 키우며…"라고 담담히 말하지만, 이분들
이야말로 우리 주변에 있는 가장 가까운 역사가 아닐까. 지역
의 변천사를 가장 잘 알고, 지역의 역사 그 자체이기도 한 것
이다.

모퉁이에서

거리의 모퉁이를 좋아한다. 처음에는 뾰족하게 각이 져 있지만, 오가는 발길 속에서 무언가 생겨나고 떼어지며 투박하게 마모되어 가는 모퉁이. 서로 다른 면과 면이 교차하는 모퉁이에 다다르면 생경한 풍경이 펼쳐지기도 하는데, 미로와 같은 시장 길이 그 예다. 어렸을 적 일주일에 한 번은 부모님을 따라 죽도시장에 갔다. 낮은 키로 바라봤던 시장은 나즈막한 좌판들의 행렬로 기억되는데 처마와 처마가 맞붙은 그 좁은 틈에도 좌판이 들어서 장사하지 못할 장소란 없다는 걸 알려주었다. 때론 어둡고 축축한 어시장을 지나야 하고, 좁아진 골목 탓에 오롯이 혼자서 걸어야 하는 때도 있었다. 그럼에도 그곳이 무섭지 않았던 것은 온기 때문이었다. 장사하는 이들에게서는 특유의 삶에 대한 열정이 느껴졌다.

나의 첫 필름 카메라인 미놀타 X-700을 십만 원에 구입하고 첫 출사를 나갔던 곳은 역시 죽도시장이었다. 뭘 찍어야 할지 몰라서 쌓여 있는 과일이며 커다랗게 눈을 뜨고 있는 생선이며 사물들을 찾아 헤매다가, 내 시선은 한곳으로 모아졌다. 어디가 제일 싱싱한가, 수북한가 하고 좌판 위에 놓인 물건만 살피던 눈길이, 그 뒤에 앉아있는 할머니에게로 옮겨 간 것이다. 도로와 보도의 경계에 앉아, 때론 울퉁불퉁한 가로수에 등을 기대어 하루 종일 도라지를 다듬는 할머니. 얼마나 가득 싣고 왔는지 허리를 굽힌 채 굴곡진 목소리로 "사과 사이소. 맛있는 사과 있습니다." 하고 외치는 분들. 손주에게 용돈을 주고 싶어서 힘들게 농사를 짓고 바리바리 채소를 챙겨 완행열차를 타고 나온 이도 보였다. 모퉁이 자리에 앉게 된 사람들은 저마다 사연을 가지고 있었다.

어쩌면 길바닥이야말로 모든 장사의 시초인지 모른다. 대표적인 부산의 관광지 중 하나인 보수동 책방 골목은 미군 부대에서 흘러나온 만화와 잡지를 파는 좌판에서부터 시작됐다. 6·25 전쟁이 일어나고 부산으로 피난 온 손정린 씨 부부는 보수동 골목 안에 박스를 깔고 미군 부대에서 나온 책과

고물상에서 수집한 헌책들을 팔기 시작했다. 당시는 읽을거리가 부족하던 시절이라 어떤 내용이건 얼마나 낡았건 상관없이 책은 그 자체로 희귀했다. 게다가 보수동 골목길은 부산에 소재한 학교는 물론이고, 임시로 세워진 수많은 천막 교실로 향하는 통학로였기 때문에 늘 학생들로 붐볐다. 학생이 있으면 책이 필요한 법. 물물교환으로 거래를 하는 사람들이 오가고, 노점 헌책방들이 늘어나면서 이곳은 어엿한 책방골목으로 자리매김하게 되었다.

　새 학기가 되면 학생들은 자신이 읽은 책 보따리를 이고와 팔았고, 필요한 책을 구입하며 헌책방을 애용했다. 형편이 어려운 사람들은 소장했던 값진 고서를 팔아 생계를 이어갔고, 지식인 수집가들은 보물찾기하듯 애타게 찾던 책을 구해가기도 했다. 사람들의 필요에 의해 우후죽순으로 가게들이 생겨난 탓에 그 모양들 역시 제각각이었다. 굽은 길을 따라 생긴 휘어진 모양, 모퉁이에 자리 잡은 삼각형 모양, 계단 옆에 붙어 경사진 모양 등, 이렇게 자연스러운 모습이기에 과거 이곳에 살았던 사람들의 흔적을 고스란히 담을 수 있었다고 생각한다.

　모퉁이는 반듯하게 계획적으로 만들어진 도시에선 상상할 수 없는, 살아 있는 이야기를 보여준다. 모퉁이는 필연적으로 완성형이 아니라 과정형이다. 동네 전봇대에 다닥다

닥 붙은 광고지, 스티커들처럼 수많은 이야기들이 모이는 한
지점, 무언가 흘러오고 부딪치고 변화해가야만 하는 위치인
것이다. 과정을 담고 있기에 불완전하게 보이지만, 그래서 우
리네 인생과 닮았다. 끝없이 이어지고 흘러가는 자연스러운
삶처럼 말이다.

항상 그 자리에 있는 가게,
변하지 않는 이정표

다른 나라에는 없는 한국 가게만의 특징 중 하나는 가게 그 자체로 이정표가 된다는 것이다. 지인과 약속을 잡을 때면 "○○서점에서 보자"라고 말하고, 택시를 탈 때도 "○○약국 앞에서 내려주세요"라고 한다. 내비게이션과 지도 앱의 발달로 요즘은 주소만 입력하면 어디든 쉽게 찾아갈 수 있지만, 여전히 길을 물어 오면 길목에 있는 가게 이름을 하나하나 말하며 설명하곤 한다. 미국의 경우 평지 위에 계획적으로 도시가 설계되어 도로명 주소를 들으면 그곳이 어디쯤인지 짐작이 가지만, 우리나라는 산과 강이 있는 자연 지형 위에 점차 복잡

한 도로와 골목이 들어섰기에 주요 시설로 위치를 인식하는 경향이 있다. 오랫동안 제 자리를 지키고 있는 가게들은 버스 정류장의 이름이 될 정도로 지역 사람들에게 잘 알려진 장소다. 마포03번 버스에는 돼지슈퍼와 신일약국이, 종로08번 버스에는 샘미용실이, 마포16번 버스에는 새서울의원이 정거장의 이름으로 되어 있다. 50년의 역사를 가진 새서울의원은 옛 병원의 모습을 그대로 간직하고 있고, 1990년대를 배경으로 하는 영화 〈벌새〉의 촬영 현장이 되기도 했다. 또한 망리단길을 찾는 이들에게 새서울의원이 보이면 다 온 것이라고 설명할 만큼 오래된 가게는 방향을 잡고 지역을 기억하게 하는 좌표가 된다. 더욱이 시시각각으로 변하는 도시에서 다시 찾아갈 곳이 남아 있다는 사실은 마음에 작은 위안이 되어준다. 하루아침에 건물이 헐리고 높은 빌딩이 들어서면서 동네 풍경이 달라져 갈 때 여전히 그 자리에 있는 가게, 익숙한 얼굴의 사장님은 소리 없는 위로가 된다.

백옥처럼 깨끗하게 세탁을 하겠다는 의미를 담은 백옥크리닝은 40년이 넘는 시간 동안 성북동 주민들과 함께하고 있다. 드르륵 문을 열고 들어온 손님은 "겨울옷들 다 가지고 왔어요"라고 말하며 그저 맡기고 떠난다. 사장님은 손님의 이름을 기억해 옷에 이름을 달고, 찾아가지 않은 옷이 있다며 알려준다. 그리고 믿고 맡기는 단골손님들에게 최선을 다해 세탁한 옷을 보답처럼 건넨다. 사장님은 "동네 장사는 간판을 보고 찾아오는 게 아니에요. 항상 그 자리에 있으니까 또 오는 거죠"라고 말했는데, 익숙하게 향할 곳이 있다는 것, 자신의 이름을 아는 사람이 있다는 것이 얼마나 든든한 일인가 싶다.

세탁소 인근 골목에는 45년 된 옛날 중국집이 있다. 오래된 하늘색 타일 외벽에는 "어렵게 가게를 꾸렸어요. 나는 성북동이 너무 좋아요. 동네에는 내 역사가 있으니까요"라고 적혀 있다. 이곳은 매월 마지막 주 일요일이면 지역의 저소득 어르신들에게 무료로 자장면을 대접하고 있다. 성북동에 오랫동안 살았던 이웃들이 가족 생일, 졸업식 등 특별한 날마다 이곳에서 식사를 해왔기에 그분들에게 고마운 마음을 전하고 싶어 사장님은 2012년부터 나눔을 시작했다. 오래된 가게인 만큼 맛 역시 보장할 수 있는데, 무엇보다 소중한 날을 추억할 수 있는 공간이라 더 뜻깊다. 사장님 부부는 그저 열심히 가게를 꾸렸다고, 평생 음식만 만들었다고 말할 뿐이지만, 묵묵히 사람들의 인생에서 배경이 되어주었다. 주민들에게는 특별한 순간을 떠올릴 때 등장하는 배경으로, 성북동을 방문한 이들에게는 변하지 않은 친숙한 풍경으로 말이다.

오래된 가게는 지역의 구심점이 되기도 한다. 유화를 처음 배우고 싶은 이부터 전시를 위해 액자를 맞추려는 이까지, 포항에서 그림을 그리는 사람들이 향하는 곳은 동일하다.

바로 대흥동에 있는 민화방으로, 1986년부터 한자리를 지키고 있다. 미술을 전공한 사장님은 부지런히 새로 출시되는 제품들을 공부하고, 전시회를 다니며 액자 트렌드를 살핀다. 덕분에 서울까지 가지 않아도 최신 도구들을 구할 수 있고, 생소한 미술용품에 대한 설명도 들을 수 있다. 화방이 생기니 자연스레 그 주변으로 화실, 개인 작업실, 미술학원들이 들어서게 됐다. 거리를 이루리라고는 상상도 못 했지만, 신기하게도 이 주변은 포항에서 유일한 미술 전문 지역이 되었다. 이처럼 오래된 가게는 가만히 멈춰 있는 것이 아니라, 오래된 나무처럼 조용히 자라고 있다. 멀리서도 찾을 수 있는 표지판이 되어주고, 지역 사람들과 깊은 관계를 맺으면서 삶의 터전을 일구고 있다.

참나무 한 종이 멸종하면 그 한 종만 사라지는 게 아니라, 더불어 사는 동식물 50여 종이 함께 멸종된다고 한다. 가게도 개별적 존재가 아니라 지역과 더불어 살아가는 하나의 생태계로 바라보면 좋겠다. 항상 그 자리에 있다는 것은 가시적인 기능 그 이상의 의미를 가지고 있다.

간판의 모습을 닮은
주인장

익은 벼가 고개를 숙이듯 꽉 찬 세월을 담은 해몽전업사 간판 아래로 빨간 오토바이 한 대가 놓여 있다. 영업한다는 걸 알리는 환한 불빛이 가게 밖으로 새어 나오는 건 아니지만, 가게 옆에 가지런히 놓인 사장님의 오토바이를 보면 '출근하셨구나' 하고 반가운 마음이 든다. 해몽전업사 사장님과의 만남은 내게 조금 특별했다. 물건이나 음식을 살 수 있는 슈퍼나 식당은 좀 더 편하게 다가갈 수 있지만, 아무 볼일이 없는 전기나 공업 계열의 가게들은 들어가기가 망설여지곤 했다. 얼핏 봐도 역사가 느껴지는 해몽전업사의 나이가 궁금

해서 조심스레 문을 열었는데, 사장님은 반갑게 맞이해주며 간판과 사람의 이야기를 모으는 작업을 격려해주었다.

　해몽전업사 간판에는 평생 묵묵히 외길을 걸어온 사장님의 삶이 고스란히 담겨 있다. 사장님은 현재 위치인 서울 하왕십리동에 50여 년 전에 정착했고, 40여 년 전에 동네 목공소에 부탁해 목수가 직접 한 글자 한 글자 조각한 나무 간판을 만들었다. 시간이 흘러 해몽전업사의 'ㅁ' 자가 잘 여문 이삭처럼 기울어지고, 전화번호와 함께 휴대전화를 친숙하게 사용하게 되면서 사장님이 직접 페인트 붓을 들고 간판을 추가하기도 했다. 가게 안쪽 벽면에는 011로 시작하는 오랜 단골들의 연락처가 한가득 적혀 있어 얼마나 바쁘게 일해왔는지 짐작이 갔다. 요즘은 일이 많이 줄었지만, 40여 년간 함께 일했던 거래처에서 여전히 연락이 오고, 타 지역에서도 알음알음 일이 들어오고 있다고. 아무도 찾아오지 않아 하루 종일 앉아 있다 가는 날이 태반이어도, 그는 자신의 자리를 지킨다는 자부심이 있다고 했다.

　"많이 배운다고 행복해지는 건 아닌 거 같아. 내가 부끄럽지 않게 살아야지. 전기 일만 60년 한길을 걸었어. 나는 하루 종일 행복해. 매일 같은 시간에 일어나고 같은 일을 해도 나는 행복해." 해몽전업사 사장님은 한두 평 남짓한 가게에서 인생의 대부분을 보냈다. 거창한 의미를 찾기보다 오늘 할 수 있는 일을 열심히 하는 것으로 조금씩 삶의 근간을 다져온 사장님. 피곤한 몸을 이끌고 하루를 마치며, 같은 하루이지만 최선을 다한 자신을 격려한다. 그렇게 보낸 세월이 쌓이고 쌓여 삶의 결을 만들어간다. 사장님의 말간 얼굴을 보며 진부한 가훈으로 느껴졌던 '성실'이라는 단어가 행복의 비밀이자 인생의 바탕이라는 생각이 들었다.

　　사장님은 "심심하면 놀러 와." 하며 호탕하게 웃다가, 이내 "꼭 놀러 와"라며 눈물을 글썽였다. 그리고 할아버지 댁을 방문한 손녀를 대하듯 점심을 사 먹으라며 용돈까지 주었다. "지금 이것밖에 없네. 맛있는 밥 사 먹어"라며 뒷주머니에서 지폐를 꺼내 손에 꼭 쥐여주었는데, 진심이 느껴져서 받지 않을 수 없었다. 그 이후 추석 즈음, 사장님 생각이 나서 건어물을 사 들고 다시 찾아갔다. "이건 오억짜리야. 날 생각하면서 샀다니까 값을 매길 수 없어." 사장님은 작은 선물에도 진심으로 기뻐했고 작은 것에도 감사하는 마음, 그리고 그 마음을 힘을 다해 표현하는 모습에 나는 또 감동을 받았다.

　　또 한 사람, 매일 같은 자리를 지키며 우직하게 인생을 조각하는 이가 있다. 동대문역 4번 출구로 나오면 인장印章거리가 있는데, 1950년대에 생긴 오랜 역사를 가진 곳이다. 하지만 이 거리의 길이는 100미터 정도로 규모가 작은 데다가 주변에 완구거리, 동묘 구제시장 등 다양한 시장들이 이어져 있어 누군가 알려주지 않으면 그냥 지나치기 십상이다. 게다가 거리가 꾸며져 있거나 활기를 띠는 것도 아니다. 하지만 손님의 이야기를 들으며 손님에게 딱 맞는 도장을 만들어주는 뛰어난 조각사 장인이 있다.

태광인재사 사장님은 도장을 만들 때 "이름이 좋네요. 잘될 거예요"라고 긍정적인 말을 전한다. 말이 씨가 된다고 하듯이, 그는 새롭게 시작하려고 찾아온 사람들이 작지만 단단한 자신만의 다짐을 할 수 있도록 마음을 다해 대화를 나눈다. "한번은 사업이 망한 후에 찾아온 손님이 있었어요. 사업이 잘 풀리길 바라는 마음으로 도장을 만들어드리고 돈은 받지 않았어요. 그냥 '나중에 돈 벌면 주세요' 했는데, 사업이 잘됐다면서 삼백만 원을 들고 다시 찾아와주셨죠." 사장님은 다시 찾아오는 손님들을 볼 때 마음이 통했구나 싶어 보람을 느낀다고 했다. "아직 하시네요", "우리 아들 것도 만들어 주세요", "손자 도장 만들러 왔어요" 하며 지방에서 올라오는 사람들도 있다고 했다.

도장은 글자를 새기고 나서 좌우가 바뀌기 때문에 오른쪽에서 왼쪽으로 글씨를 써야 하는 고난도의 작업이다. 웬만큼 숙달되지 않고서는 반대로 새기는 것이 어려워 오랜 기간 훈련을 받아야 한다. 사장님은 정읍에서 쌀 한 가마니를 들고 와 삼촌의 지인에게 기술을 배우기 시작했다. 당시 월급은 없었고 설 명절에 이천오백 원짜리 잠바와 바지를 받은 것이 전부였다고. 2년이 지나서야 월급을 받기 시작했고, 1980년이 되던 해 지금의 자리에 가게를 일구게 되었다. 당시에는 아침

8시부터 새벽 1시까지 일을 해야 할 정도로 주문량이 많았다. "예전에는 인장 가게가 방송국처럼 가장 먼저 정보가 들어오는 곳이었어요. 정부 부처가 바뀔 때 제일 먼저 명패 제작 요청이 들어왔죠. 사업을 시작할 때도 사람들이 제일 먼저 도장부터 만들었으니 세상의 변화를 빠르게 알 수 있었죠." 하지만 2012년부터 인감도장 대신 사인으로 대체할 수 있는 「본인서명사실확인제도」가 도입되었고, 졸업 시즌이면 학생들에게 도장을 선물해주던 문화도 차츰 사라졌다.

　　어느새 40년이 된 태광인재사 간판은 색이 바래고 군데군데 흠집이 났지만, 사장님은 계속 보수하며 가게를 유지하고 있다. 충분히 오래 일했다고, 이제 그만하고 쉬라고 말하는 사람들도 있지만 건강이 허락하는 한 끝까지 일하고 싶다고 말한다. "90여 곳이던 인장 가게가 20여 곳으로 줄었어요. 한자리를 지키고 싶지만 쉽지 않아요. 잘 안되면 직업을 바꿔야 하니까요. 계속 자리를 지켜서 같은 일을 하는 사람들에게 희망을 주고 싶어요." 생계로서의 일을 넘어, '조각사'라는 직업을 근사하게 지키려는 그의 자세에 감명받았다. 어떤 일을 하는가보다 어떻게 일을 하는가가 더 중요함을, 일을 대하는 태도가 그 사람을 빛나게 만든다는 걸 느꼈다.

　　세월의 흔적이 묻은 가게의 겉모습에 반해 사장님들에게 다가갔지만, 오랫동안 자신만의 철학을 가꿔온 사장님들

의 속 모습에 반하는 시간이었다. 그들에게 가게란 일터를 넘어 삶의 지혜를 배우고 행복을 다듬어가는 삶의 터전이다. 그 자리가 비록 외적으로 보이는 거대한 성장이 없더라도, 꾸준하게 자신이 할 수 있는 일을 했을 때 만들어지는 습관과 경험, 보람이 있다. 가게의 주인들은 그러한 내면의 성장 역시 가치 있게 바라본다. 때로는 좋은 글귀를 담아 편지를 쓰고 싶을 때, 나는 사장님들의 말을 그대로 인용하곤 한다. 시간의 깊이 없이는 나올 수 없는 말이기에, 나는 다만 전하고 싶다.

안과 밖을 구분하지 않고
가꾸는 사람들

성북동의 제일사 앞에는 "힘든 사람 쉬어가세요"라고 적힌 의자가 놓여 있다. 손님들이 대기하는 식당도 아니고 유리와 액자를 파는 가게라 상품 전시를 할 수도 있을 공간에 그 대신 의자 두 개를 내놓았다. 인근 한일문구점 앞에도 의자 두 개가 나란히 나와 있다. 뽑기 기계 앞에서 아이들이 웅성거리고 있어야 할 것 같은데, 할머니 두 분이 앉아 담소를 나눈다. 50년 동안 자리를 지킨 주인은 동네에 노인들이 많이 살고 있어서 가까운 거리로 외출을 하더라도 자주 쉬어 가야 한다는 것을 알기에 의자를 꺼내둔 것이었다. 겨울철에는 앉

앉을 때 엉덩이가 시릴까 봐 종이 박스를 포개어 붙여놓기도 한다. 가게 주인들은 바쁜 일상 속에서도 타인을 위한 자리를 남겨두었고, 가게에 볼일이 없는 사람들도 마음 편히 쉬어 갈 수 있었다. 그 의자가 비록 오랜 비바람으로 쿠션이 찢어져 청 테이프로 꽁꽁 싸매어져 있더라도 누군가를 생각하며 테이프를 꺼내 온, 남는 의자를 들고 온, 따뜻한 마음이 놓여 있었다. 가게 전체를 쉼터로 만들지 않더라도, 아주 일부라도 그런 틈을 만들었다는 것이 인상적이었다. 우리는 함께하고자 하는 다정한 마음속에 머물고 싶어지기 때문이다.

오래된 가게의 주인들은 안과 밖을 구분하지 않고 가꾸는 아름다운 마음씨를 지니고 있다. 그들은 가게뿐만 아니라, 공동 구역이라 여겨져 소홀히 관리하게 되는 길거리까지 부지런히 가꾼다. 제기동 대성공업사 앞에는 꽃밭이 만들어져 있는데, 탑처럼 작은 화분들이 층층이 놓여 있고, 제비꽃부터 무궁화, 시골 논에서나 있을 법한 벼까지 심어놓았다. "가게 앞에 누가 계속 쓰레기를 버리고 가는 거예요. 아침에 기분 좋은 걸 봐야 하는데, 맨날 쓰레기를 보니 기분이 영 안 좋았죠. 버리지 말라고 써놔도 안 되고, 어떡하면 되나 생각하다가 꽃을 가꿔보자 싶더라고요. 꽃을 심기 시작하니까 이분 저분 자기가 좋아하는 꽃을 갖다줬어요. 마을 사람들과 함께 만든 공동 작품인 셈이죠." 사장님 덕분에 제기동 주민들은 집

밖을 나서며 가장 먼저 보게 되는 것이 싱그러운 초록 잎들이었고, 벼가 익어가는 것을 보면서 계절의 변화를 느낄 수 있었다. 식물이 잘 자라고 있나 보려고 지름길을 포기한 채 꽃밭 앞길로 느릿느릿 걸어가는 주민, 아이의 손을 꼭 잡고 와 꽃에 대해 설명해주는 부모, 벼를 보면서 시골에서 자랐던 옛 기억을 떠올리는 아주머니도 있었다. 가게 앞 길목은 쓰레기 더미에서 동네 사람들이 애정 하는 공간으로, 꽃들을 마주 보며 도란도란 이야기꽃을 피우는 동네 명소로 탈바꿈했다.

후암동 버스 종점 로터리에 있는 이발관은 2층에 위치해 있는데, 간판 아래로 작은 옥상이 있다. 꽃들이 보이지 않았다면 간판 아래에 그런 공간이 있을 거라고는 상상도 못 했을 것이다. "천사의 나팔꽃이라고 부르는데요. 외국 사람들이 나팔 불 때 길쭉하니 이런 모양이잖아요. 브라질, 말레이시아, 태국같이 뜨신 나라에서 자라던 꽃이라 겨울에는 들여놔야 해요. 추워지면 안에 들여놓고 봄이 되면 다시 밖에 내놓죠. 보기도 좋고, 일거리가 없을 때 나가서 가꾸면 그것도 일거리가 되고요. 한 번 꽃이 피면 50개도 넘게 꽃송이가 달려있어요." 사장님은 꽃에 대한 설명과 함께 방문한 사람들에게 나누어 주기도 한다. "꽃 드릴까요? 이 꽃을 꺾어서 물에 담가두면 뿌리가 하얗게 나와요. 그 후에 화분에 옮겨 심으면 돼요. 생각나면 오세요. 꽃 드릴게요"라며 사진을 찍기 위해 찾아온

나에게도 꽃을 권했다. 어쩐지 이발관을 나와 해방촌 골목을 걸어가는데 곳곳에 천사가 나팔을 불며 내려오는 모습을 닮은 꽃봉오리가 얼굴을 내밀고 있다. 이불이 널린 난간 아래에, 옥상 장독대 옆에 환하게 피어 있는 천사의 나팔꽃 화분들을 바라보며, 이발관 사장님이 전해준 것이려나 싶어 빙긋 웃음이 났다.

　김밥집 앞에도, 정육점 앞에도, 미용실 앞에도 자신의 계절이 되면 어김없이 꽃을 피우는 식물들이 놓여 있다. 가게 앞뿐만 아니라 길가에 색색의 꽃들을 내놓아서 동네 전체를 꾸미고 있는 곳도 있다. '시즌 세일', '히트 상품'이라고 적은 광고 전단지가 아닌 '마음이 부자인 집'이라고 써놓은 가게, 손님을 유혹하는 물건들을 진열해놓지 않고 어르신을 위한 의자를 꺼내놓은 가게, 남는 의자와 화분을 들고나와 동네 쉼터로 가꾸는 가게들의 모습은 그야말로 간직하고 싶은 그림 같은 풍경이다. 무심하게도 꽃이 흐드러지게 피고 나서야 '저기에 꽃이 있었구나' 하고 뒤늦게 발견하게 되지만, 오래전부터 꽃을 가꾸는 누군가가 있었음을 깨닫게 된다. 빈 땅에 눈길을 두는 사람, 바깥에 마음을 쓰는 이가 있었다는 것을 말이다.

열린 문

　　서울 신당동 버티수퍼 사장님은 항상 가게 문을 열어놓는다. 열린 문 사이로 동네 주민이 다가오면 멀리서부터 손을 들어 환영하고, 거래처에서 배달이 오면 금세 알아차리고 밖으로 나와 인사를 건넨다. 가게 안으로 짐을 나르는 사람, 잠시 쉬어 가는 사람, 안부를 묻는 이웃, 길을 물어 오는 사람까지 이곳에 오면 누구나 환대를 받는다. 사장님은 문을 활짝 여는 것으로 일과를 시작한다. 틈새 사이로 햇살이 들어오듯이 여지가 있어야 반가운 얼굴도, 따뜻한 풍경도 만날 수 있다고 믿기 때문이다. 오래된 가게들은 들어오는 데 부담을 갖

지 않도록 출입구를 열어두거나, 밖에서 안이 훤히 보이는 유리 새시로 되어 있다는 점이 흥미롭다. 닫힌 구조인 벽은 사람들을 흩어지게 만들지만, 열린 구조인 문은 사람들을 모이게 만든다. 열린 문은 가게로 들어오는 접점일 뿐만 아니라 사람 관계의 접점이 되기도 한다.

삼각지 대원식당은 생선구이를 파는 정식집으로, 사시사철 가게 입구에서 생선을 굽고 있다. 연탄불로 굽다 보니 연기가 나서 가게 밖에 자리를 잡은 것이라고는 하지만 그 덕에 멀리서도 식당 문이 열린 것을 알 수 있다. 생선을 굽는 사장님 자리 옆으로 의자 두어 개가 놓여 있어, 손님들은 기다리며 또 지나가며 편하게 앉아 안부를 주고받는다. "할머니, 생선을 입에 넣으니까 살살 녹아요. 뭐 넣었어요?", "고등어 간이 예술이네요"라며 감사를 표하는 것도 잊지 않는다. 사장님은 밖에 있으면 추위와 더위, 비바람 등 궂은 날씨의 영향을 받아 힘들지만, 사람들과 한마디씩 대화 나눌 수 있어서 좋다고 한다. 각자 어찌나 다르게 칭찬을 하는지, 그 다양함에 놀란다며.

성북동 반도이발관은 추운 계절을 빼고는 항상 문이 열려 있다. 재미있게도 이발소 안인데 할머니들이 앉아 있다. 손님인가 싶어 물어보니 매일 찾아오는 동네 주민이라고 한다. 할머니는 문 앞 소파에 앉아 햇볕을 받으며 지나가는 사람들을 바라보고, 틈틈이 이발사의 말동무가 되어준다. 가게 안으로 손님이라기보다 친구 같은 사람들이 들어오고, 이발사는 편안한 얼굴로 그들을 맞이한다. 오래된 가게들은 물리적인 공간뿐 아니라 마음의 문도 열려 있는 것처럼 보인다. 그 틈 사이로 소식이 오가고 웃음과 생기가 드나든다.

가끔은 가게 문밖에 아예 나와 있는 경우도 있다. 예지동 시계골목에는 보석 가게와 시계 수리점들이 모여 있는데, 가게들은 쉽게 안을 들여다볼 수 있는 유리 벽으로 되어 있고, 노점들은 테이블 하나를 펼쳐두고 사방이 열려 있어 구경하기도 다가가기도 쉽다. 보석을 팔기에 경비가 삼엄할 법도 하지만, 보석 가게 사장님들은 문 앞에 나와 옆 가게 사장님들과 대화를 나누고 있다. 오랜 세월이 흘러 편안하게 담소를 나누는 사이가 되기도 했고, 밖에 나와 있어도 서로가 서로를 지켜주는 관계가 형성되었기 때문이다.

사장님들이 골목에 나와 있어서 다가가기가 편했는데, 그래서인지 지나가며 길을 물어보는 이들이 많았다. 나 역시 은근슬쩍 다가가 간판 사진을 찍어도 되는지 물어보았다. 보령당 사장님은 많이 찍어도 된다며 편하게 맞아주고, 가게가 너무 어둡지는 않냐며 환하게 불도 켜주었다. 사진을 찍는 동안 "오래된 가게 사진을 찍는대"라며 주변에 널리 소개해준 덕분에 눈치 보지 않고 골목 곳곳을 담을 수 있었다. '내가 들어가도 되는 건가' 의심이 들지 않게 해주는 편안함, 낯선 이에게도 틈을 열어주는 배려가 고마웠다.

몇 겹의 자물쇠로 채워진 금고가 아니라, 구멍이 숭숭 뚫린 광주리 같은 우리 주변의 가게들. 그러하기에 여과 없이 그 안에 담긴 잘 익은 마음이 흘러나오는 것이 아닐까. 출출한 시간이라며 옆집 가게 사장님에게 떡을 건네는 모습, 한적한 틈을 타 악보를 꺼내 기타 연습을 하는 모습, 반가워서 어쩔 줄 몰라 하며 차 한잔하고 가라고 손짓하는 모습…. 열린 틈새로 보이는 풍경들은 환하기만 하다.

머리카락보다
많은 이야기가 쌓인 곳[11]

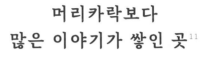

"여기 오니까 예전 기억이 나네." 남편의 고향에 처음 놀러 갔을 때 남편은 동네 곳곳에 담긴 추억을 들려주었다. 다행히 그가 소년 때 드나들었던 삼거리이용소는 예전 모습 그대로였고, 풋풋한 기억들이 되살아난 듯 그는 앳된 표정을 지었다. 남편은 굉장한 비밀을 알려주는 것처럼 들뜬 목소리로 첫 이발의 경험을 털어놓았다. 원래는 항상 어머니가 머리를 잘라주었는데, 초등학교 때 운동을 시작하면서 코치님이 스포츠머리를 하고 오라고 당부했다. 어머니는 짧게 머리를 잘라본 적이 없어서 난감해하다가 "이상해서 이건 안 되겠다"라

11
박정수 시
『성우이용원』 중
'잘려나간
머리카락보다 많은
이야기들이'라는
구절에서 따온
제목이다.

며 이용소에 가서 수습을 부탁했다. 이후로 그는 '약은 약사에게, 머리는 이발사에게'라는 철칙이 생겼고, 더 이상 집에서 머리를 자르지 않게 됐다고 했다.

나 역시 처음 머리를 잘랐던 기억이 떠올랐다. 초등학교 3학년 때 친구에게 이를 옮아왔고, 가족들은 머리가 길어서 더 퇴치가 힘든 것 같다며 동네 미용실로 데려가 커트 머리를 주문했다. 베테랑 미용사는 이런 경우는 처음이라며 이가 보일 때마다 꺅 소리를 질렀고, 나는 죄인처럼 머리를 푹 숙이고 앉아 있었다. 그렇게 머리를 짧게 자르고 나서 단박에 이가 사라졌는데 그것이 머리를 자른 탓인지, 너무도 창피해서 박박 머리를 감은 탓인지는 모르겠다. 오래된 가게들은 추억 보관함 같아서 그곳에 발을 들여놓기만 해도 무수한 이야기들이 살아난다. 사람들이 기념 앨범을 만들고 사진을 꺼내 보면서 잊고 있던 추억을 떠올리듯, 추억이란 과거로 걸어가는 징검다리와도 같은 매개체를 필요로 하는 것 같다. 그리고 여전한 모습의 가게는 기꺼이 그 매개체가 되어 그리운 날들로 우리를 데리고 간다.

후암동 광일이발관은 개업 후 50년이 지난 지금까지 옛날 이발소의 모습을 그대로 간직하고 있다. 예전 단독주택에서 많이 시공했던 인테리어인 루바(내·외장 마감재로 쓰이는 목재)로 만든 천장 장식도 볼 수 있다. 가게의 세월을 담은 가죽

의자는 아래가 단단하게 쇠붙이로 고정되어 있고, 높이 조절
과 회전은 물론 눕혀지기까지 해 여전히 건재한 모습으로 손
님을 맞이한다. 의자 앞에는 거울과 세면대가 놓여 있는데 손
님이 너무 많아 줄을 서던 시절, 이동 시간을 줄여서 이발 후
바로 머리를 감을 수 있도록 동선을 짜놓은 것이다. 사장님은
목재로 된 경대와 서랍, 천장까지 니스를 바르며 계속 유지
관리하고 있었고, 그 덕에 이사를 갔던 이웃들도 익숙하게 들
어와 그에게 머리를 맡기고 마음 편히 쉬어 갔다.

　　이발사는 추운 겨울이든 뜨거운 여름이든 한결같이 아
침 6시에 문을 열고, 저녁 7시 30분에 문을 닫으며 이발소를
운영했다. 매일 똑같은 일상이라고 따분하게 생각할 수 있지
만, 그에게 이발은 사람의 수만큼 다양하고 놀라운 일이다.
"23살에 제대하고 나서 바로 이발 일을 시작했어요. 그때는
이 일이 어찌나 멋있어 보이던지, 그래서 일을 배울 수 있는
곳을 수소문해서 찾아갔죠. 사람들은 그냥 짧게 자른다고 생
각하지만, 머리형에 따라 열 가지도 넘는 방법이 있어요. 밑
에만 살짝 다듬는 사람이 있고 군인처럼 쫙악 올려서 자르는
사람이 있고, 또 앞머리가 없는 사람은 앞을 가려주고요. 그
사람의 스타일에 맞게 자르는 게 제 임무죠."

　　이발관은 손님에게만 아니라 이발사에게도 추억이 되
는 공간이었다. 출근하기 전 들러 머리를 깎고 가는 단골부터
신기한 눈으로 쳐다보며 연신 사진을 찍어 가던 학생 손님,

영국에서 취재를 왔다며 찾아온 외국인까지. 말이 통하지 않아 손발로 소통했지만, 그가 사랑하는 일과 공간이 다른 사람들에게도 사랑받는다는 것은 큰 보람일 테다.

1927년 문을 연 공덕동 성우이용원 역시 머리카락보다 많은 추억이 쌓인 장소다. 단골손님이었던 김영환 시인은 『성우 이용원』이라는 시를 지어 선물했고, 사장님은 손수 시인의 얼굴을 그려 시 옆에 나란히 전시해두었다. 이발사의 얼굴이 아닌 손님의 얼굴이 걸려 있는 이용원이라니. 그만큼 성우이용원의 손님은 특별했는데, 차례를 기다리던 손님들이 이곳이 얼마나 대단한 곳인지 한 마디씩 자랑하기도 했다. 요즘은 바리캉으로 밀고 난 후 가위로 정리해 20분이면 이발이 끝나지만, 이곳은 단계에 따라 다섯 가지 종류의 가위를 사용하며 위에서부터 층지지 않게 꼬박 1시간을 들여 다듬어준다는 것이다. 나중에 이발 시기를 놓쳐 머리카락이 길게 자라도 그 모양이 정갈할 정도로 감탄하게 되는 이발 실력이라고 했다. 또한 이발사는 140년이 된 독일제 면도칼을 말가죽에다 정성껏 손질한 뒤 면도를 해주는데, 손님들은 그동안의 연륜을 짐작케 한다며 이곳이 오래되어서 오는 것이 아니라, 그의 탁월한 기술 때문에 찾게 된다고 말했다.

네 명이 앉으면 꽉 차는 대기 의자에는 다양한 국적의 사람들이 앉아 있었고, 일본과 스위스에서 온 친구를 데려온 손님도 있었다. 손님의 표현을 빌리자면 이발소는 한국의 일상을 대표하는 공간이자, 구만 개의 머리카락을 다듬는 예술가[12]를 만날 수 있는 특별한 자리였다. 예술가라고 칭할 만한 이발사는 섬세한 기술과 함께 묵직한 소신을 가지고 있는 듯하다. 늘 입는 옷도, 보자기도, 수건도 모두 더러워지면 바로 티가 나는 하얀색이었다. 수건은 세탁기로 돌리면 냄새가 남기 때문에 손으로 박박 비벼 빤다고 했다. 또한 추운 겨울이면 평소보다 30분 일찍 출근해 이용원 내부를 따뜻하게 데운 후에 손님을 맞았다. 이렇게 배려하는 마음을 가진 이발사는 손님들에게 추억이 되었고, 안부를 물으며 편지와 작은 선물을 건네는 손님들은 이발사에게도 추억이 되었다.

이발소는 하얀 옷을 입은 이발사와 깨끗한 비누 냄새, 사포를 문지르듯 쓱쓱 면도하는 소리, 서로의 대화 속에서 잔잔히 전달되는 따뜻한 감정으로 선명히 기억되는 곳이었다. 추억이란 흑백 영화처럼 스크린에 갇혀 있는 장면이 아니라, 이렇게 냄새, 소리, 체온, 포근한 감정까지 느껴지는 형상에 가까운 것 같다. 실존하는 형상이기에 우리는 추억을 말하며 미소 짓는 것이다. 기억상실증 환자에게 상상력 실험을 하자 같은 단어만 반복했다는 강의를 들은 적이 있다. 예를 들어, 바다를 상상하며 묘사해보라고 했을 때 기억상실증 환자는 파랗다, 넓다와 같은 상투적인 단어만 반복한다. 표현할 수 있는 경험들을 잊어버렸기 때문이다. 그에 반해 기억을 잃지 않은 사람들은 파도 소리와 갈매기 소리, 바다에서 만난 사람들의 모습과 머리카락을 휘감는 시원하고 끈적이는 바람 등 아주 구체적으로 표현한다. 기억을 잃는다는 것은 단순히 정보를 잊는 것이 아니라 경험과 감정, 표현할 수 있는 모든 정서의 원천을 잃는다는 것과 같다. 그렇기에 오래된 가게가 사라진다는 것은 할아버지와 아버지, 그리고 우리 세대를 이으며 켜켜이 쌓인 이야기, 우리네 삶이 지워진다는 의미다. 많은 이들의 추억이 담긴 오래된 가게, 매일 찾아가지는 않지만 우리에게 꼭 필요한 곳이 아닐까.

동네 슈퍼 앞에서 보자

동네 슈퍼, 동네 밥집, 동네 카페, 동네 친구 등 우리는 종종 '가까운'이라는 말 대신 '동네'라는 말을 쓴다. 어릴 적 이사 한 번 가지 않았던 나는 동네 친구들과 초중고등학교를 함께 다녔고, 우리가 사는 동네 이름을 넣어 서로 '우현동 패밀리'라고 불렀다. 횡단보도를 두 번 건너면 도착하는 가까운 학교에 다니면서도, 우리는 교문에서 서로 기다렸다가 여섯 명이 모두 모여야만 집으로 돌아오곤 했다. 등하교 시간보다 친구를 기다리는 시간이 더 오래 걸릴 만큼 비효율적인 일과였지만, 그 덕에 우리는 이유 없이 친해졌다. 물론 가깝다는

것은 들키고 싶지 않은 것들도 알려지는 불편함이 있어서, 동네에서 가장 오래되고 작은 아파트인 우리 집으로 들어갈 때면 부끄럽기도 했다. 그럼에도 가깝다는 것은 미세한 변화도 쉽게 눈치채는 법이어서 우리는 말이 아닌 표정을 읽는 사이가 되었다.

　동네 가게들도 이와 비슷하다. 우리는 말보다 왕래로 가까움을 표현했다. 신선한 야채를 사러 매일 심부름을 갔던 슈퍼, 내 얼굴만 보고도 척척 교복이며 양복을 찾아주었던 세탁소, 수시로 들러 허기를 달랬던 분식집…. 실제로 가게 안에는 작은 안방 혹은 가정집을 겸하고 있어 사장님들은 같은 동네에 사는, 말 그대로 이웃이었다. 이따금 부모님에게서 받아온 돈이 부족할 때면 "다음에 갖다줘"라고 말하며 다음 만남을 확신하기도 했다. 동네 가게 앞에는 개점과 폐점 시간을 알리는 안내문이 붙어 있진 않았지만 궁금했던 적이 없을 정도로, 항상 문이 열려 있었다.

　1969년부터 서울 원효로 골목길을 밝혀온 한남수퍼는 ㄴ 받침이 떨어져 하남수퍼가 되었지만, 가장 늦게까지 동네를 지키는 방범 초소 역할을 한다. 사장님에게 "가게가 참 깨끗하네요"라고 말하자, "그럼요. 내 집이니까요"라고 자신 있게 답한다. 오래되었지만 얼마나 닦았는지 냉장고는 반질반질 윤이 나고, 얼마나 빗자루로 쓸었는지 가게 앞 거리는 곱

기만 하다. 슈퍼 유리문 앞에는 한 자 한 자 손 글씨로 적은 종이가 붙어 있는데, 사장님이 쓴 편지인가 싶어 유심히 읽어 보니 기다림에 대한 글이었다. 그 마지막 문장에는 "노력하는 바보가 게으른 천재를 이긴다"라고 적혀 있다. 새벽부터 늦은 밤까지 슈퍼 안에 우직하게 앉아 있는 사장님을 보며, 참 그분다운 인사라는 생각이 들었다. 처음 동네에 온 사람들은 슈퍼에 들러 음료수 선물 세트를 사며 반가운 만남을 준비하고 사장님에게 길을 물어보기도 한다. 그러면 사장님은 "지름길은 알려줘도 아직 헷갈릴 테니" 하며 최대한 쉽게 찾아갈 수 있도록 대로변 길로만 안내한다.

　　지역 공동체를 파괴하는 도시 재생 정책을 비판했던 언론인이자 활동가였던 제인 제이콥스의 저서 『미국 대도시의 죽음과 삶』[13]에는 "모퉁이에 식료품점을 위한 공간을 남겨두어야 한다"라는 구절이 있다. 저자는 도시의 다양성을 해치는 것은 실패가 아니라 성공이라고, 수익률만 셈하며 오래된 건물을 부수고 그 안에 있는 다양한 관계를 보지 못하는 도시 계획은 오히려 도시 생태계를 망가트리고 새 건물뿐인 죽은 도시를 만든다고 말한다. 그리고 모퉁이의 가게들이, 작은 식료품점이 단순히 경제적인 거래만 하는 곳이 아니라는 것을 강조한다. "가게 주인을 비롯한 소규모 업체 주인들은 으레 평화와 질서를 강력하게 옹호하는 사람들이다. 이 사람들이

13
제인 제이콥스,
『미국 대도시의
죽음과 삶』, 그린비

야말로 탁월한 거리 감시자이자 보도 관리인 노릇을 한다"라
고 표현하며 공공의 안전을 지켜주는 건 경찰이 아니라 서로
간의 관심과 지역 네트워크, 거리의 활발한 움직임이라고 말
한다.

　어두운 밤 집으로 향할 때 가로등 불빛이 아무리 환해
도 불 켜진 가게들이 없으면 두려운 마음이 드는 것처럼, 동
네 가게들은 그 존재만으로 든든한 것이다. 호돌이수퍼 사장
님에게 기억에 남는 손님이나 일화가 있는지 물어본 적이 있
다. "다 동네 주민들이죠, 뭐. 그냥 장사하며 살았어요. 여기
집을 사고 아이들을 키우고"라고 덤덤히 말했다. 바로 그때
기척도 없이 손님이 들어왔다. 손님은 너무도 잘 알고 있다는
듯이 원하던 물건을 찾고서는 "갈게요." 하고 인사를 건넸다.
사장님은 "그래"라고 답하며 짐 정리를 계속했다. 익숙한 얼
굴, 특별히 신경 쓰는 것 없이 툭툭 주고받는 대화, 편안한 옷
차림으로 꾸밈없이 드나들 수 있는 관계가 얼마나 따뜻하게
보이던지. 누군가에겐 집으로 향하는 길을 알려주는 안내자
가 되었고, 누군가에겐 "많이 늦었다"며 위로를 건네는 이웃
이 되었다. 일렬로 껍이며 과자 봉지를 정리하고 있을 부지런
한 손길, 비 그칠 때까지 있다 가라고 다정히 말해주는 사람
을 알기에, 우리는 가게 불빛을 보면 반가운 것이다.

　어릴 적 친구들과 헤어질 때면 "내일 슈퍼 앞에서 보자"
며 동네 슈퍼를 우리 아지트처럼 여겼다. 작은 슈퍼 앞에는

슈퍼 내부 크기와 맞먹는 평상이 나와 있었고, 한 귀퉁이에 털썩 앉아 눈치 보지 않고 친구를 기다릴 수 있었다. 동네 사랑방 같은 곳이어서, 아주머니들은 아이스크림을 먹으며 서로의 안부를 물었고, 어르신들은 두런두런 모여 앉아 지역 문제에 대해 토론하기도 했다. 무엇보다도 동네 슈퍼는 약속하지 않아도 자연스럽게 이웃들과 마주치는 공간이었고, 사장님은 10년 넘게 살고 있는 주민과 새로 이사 온 주민을 서로 소개해주기도 했다. 가까이에 산다는 이유만으로 친해졌던 동네 친구들. 우리가 나눈 "슈퍼 앞에서 보자"는 말이 '같이 장을 보자'는 말이 아니라 '내일 또 보고 싶다'는 인사이듯, 슈퍼 역시 장을 보는 곳을 넘어 다양한 언어로 부를 수 있다는 생각이 든다. 이웃한 사이, 동네 쉼터, 삶의 일부라고 말이다.

버리지 않는 마음

　　외할아버지는 일평생 아파트 경비원으로 일하면서 고물을 주웠다. 매일 아파트 단지 지하에 모인 쓰레기 산에 들어가 분리수거를 하고 청소를 하느라 외할아버지에게선 늘 퀴퀴하고 고릿한 냄새가 났다. 외할머니는 질색했지만 외할아버지는 이따금 쓰레기 속에서 고철이며 그릇이며 아직 튼튼한 물건들을 집으로 가져와 창고에 모아두었다. 내 눈엔 그 고물이 그저 쓰레기로 보였지만 아주 쓸모없는 것만은 아니었다. 네모난 고철은 튼튼한 입간판이 되기도 했고, 버려진 가전제품에서 꼭 필요했던 부품을 찾아가는 사람도 있었으니

까. 아주 헐 값에 혹은 공짜로 구할 수 있었기에, 동네 사람들은 필요한 게 있을 때 먼저 외할아버지를 찾았다. 외할아버지는 항상 새까맣게 얼룩진 옷을 입고 있었는데, 그 때 묻은 옷을 보면 고되게 일한 흔적이 덕지덕지 묻었다는 생각에 숙연한 마음이 들곤 했다. 초라하게 느껴질 수도 있지만 나는 외할아버지를 무척 좋아했다. 지금에서 표현하자면 그에게선 삶에 대한 정성이 느껴졌다. 똑같은 하루도 헛되이 보내지 않고, 작고 낡은 것도 함부로 버리지 않으면서 그에게 온 것들을 소중히 여기는 마음이 있었다.

오래된 간판을 보면 마치 외할아버지의 목소리를 듣는 것 같다. 글자가 떨어져 자국만 남은 곳이 태반이고, 햇볕에 그을려 색이 바래고 글자가 지워진 곳들도 많다. 그럼에도 오래된 가게의 주인들은 간판을 바꾸지 않고 그대로 사용한다. 글자가 떨어지면 손으로 쓰면 되고, 낡은 부분은 고치면 된다고, 긴 세월을 버텼는데 성한 게 이상한 거라고. 그들은 간판의 오래됨을 가게의 역사라 생각했고, 간판에 남은 흔적들을 추억으로 바라봤다.

"졸업생들이 와서 바꾸지 말래. 옛날 추억 그대로 있는 게 더 좋으니까 바꾸지 말라고 해서 안 바꾸는 거야." 삼광초등학교 앞에서 40년 넘게 자리한 삼광문구 간판은 붙어 있는 것보다 떨어진 글자가 더 많았다. 하지만 이조차 학생들에게는 익숙했고, 유일하게 변하지 않는 풍경이기도 했다.

　　"이 간판은 동네 사람이 써줬어. 선물로. 내가 잘못 살지는 않았구나 느꼈지." 제기동의 종합집수리 간판은 사장님에게 함께했던 이웃을 떠올리게 하는 흔적이자 의미 있는 작품이었다. 언 39년을 함께 살았던 동네 사람들은 15년 전쯤 대부분 이사를 갔고, 지금은 사장님 홀로 동네에 남아 있다. 약국도, 쌀가게도, 친구들도 모두 정든 동네를 떠나 흩어졌지만, 간판 장인이었던 이웃의 글씨는 오롯이 남아 옛 동네의 정취를 간직할 수 있게 했다.

　　후암동 정머리방 간판은 이전의 시트지 글자가 떨어지자 사장님의 남편분이 그대로 본을 떠서 다시 붙인 것이다. "옛날에는 미용실을 머리방이라고 불렀어. 내가 18살 때부터 일을 해서 미용 일을 한 지가 60년이 넘었어. 새로 붙인 글자도 오래된 거야. 이것도 벌써 20년은 됐어." 헤어 숍이라고 적은 요즘 간판보다 머리방이라는 이름이 나이 지긋하신 사장님과 잘 어울렸고, 이전 간판을 고쳐서 사용한 덕에 옛 분위기가 그대로 남을 수 있었다.

　　오래된 가게의 주인들은 저마다 간판에 실린 이야기를 하나씩 들려주었다. 예쁘고 매력적인 것뿐만 아니라 낡은 흔적도 가게의 일부라는 것, 버리지 않는 일에도 결단이 필요하고, 눈에 보이지 않는 가치와 의미를 발견하는 시간이 필요하다는 것. 그 이야기는 마치 내게 작은 나사 같기도, 얇은 종이

뭉치 같기도 했다. 책상이 덜커덩덜커덩 흔들거릴 때면 한쪽 다리에 두꺼운 종이를 끼워 균형을 맞추듯 어쩌면 우리네 삶도 작은 것이 부족해 빙빙 헛도는지도 모르겠다. 아크릴 글자가 떨어지자 손수 글자를 적어 넣은 아현동 오복수퍼, 페인트가 벗겨진 부분에만 시트지를 덧대어 붙인 한남동 이화부동산중개인사무소 등 조금씩 보수하며 오래된 간판을 계속 유지하는 가게들. 나이 들어가는 간판을 보며, 새롭게 만드는 일 못지않게 소중히 여기며 고치는 힘도 길러야 함을 배우게 된다. 기술이라는 단어에 따라오는 형용사는 보통 '뛰어난', '획기적인'이지만, 과정을 보여주는 '신중한', '고유한'이라는 표현도 할 수 있지 않을까. 다시 들여다보고, 한 번 더 생각하고, 버리기보다 고쳐 쓰려는 마음가짐은 대단한 힘이라는 생각이 든다.

에필로그

기록은 나의 힘

휴대전화가 없던 중고등학교 시절 서점은 만만한 약속 장소였다. 일찍 도착했더라도 책을 읽으며 기다리면 심심하지 않았고, 오래 서 있어도 눈치 보이지 않았다. 포항의 도심이었던 육거리 부근에는 포항문고라는 서점이 있었고, 포항 사람이라면 누구나 아는 곳이어서 별도의 설명이 필요 없는 곳이었다. 2000년대 들어 인터넷 서점이 등장하고 대형서점이 들어오게 되면서, 서점 운영이 어렵다는 이야기가 들리다가 결국 포항문고는 2012년도에 문을 닫게 되었다. 친구들과의 약속 장소는 우체국 앞 길거리로 바뀌었고 변하지 않는 장소는 공공기관밖에 없는 것일까 싶어 씁쓸했다. 고향을 떠나 서울에서 직장 생활을 할 때도 친구들은 시시콜콜한 동네 소식들을 들려주었다. "우리가 자주 가던 분식집이 사라졌어. 거기 주먹밥이랑 어묵국 맛있었는데." 내 인생에 별 영향을 미치지 않는 작은 변화들이라고 생각했는데, 다시 고향을 찾았을 때 혼란스러웠다. 온통 생경한 풍경들을 마주하며 어디로 가야 할까 방향을 잃은 것만 같았다.

1986년에 태어난 나는 사실 오래된 가게에 대한 기억이 별로 없다. 10년도 못 되어 동네 슈퍼는 할인마트가 되었고, 마트는 24시간 편의점이 되었다. 문구점이었던 자리는 원룸 건물이 되었고, 동네 안경점은 베이커리 체인점으로 바뀌었다. 단순히 사회가 달라지면서 업종이 바뀌는 것이라고 볼 수도 있지만, 추억의 장소들이 사라지는 것을 경험하면서 항상 그 자리에 있는 가게에 대한 그리움이 생겼다. 그래서 나는 변하지 않는 가게를 경험하지 못한 세대로써, 항상 그 자리에 있는 가게의 아름다움을 찾아가는 역설을 시작했다.

오래된 가게들을 방문하며 알게 된 한 가지 공통점은 주인들이 가게 나이를 어리게 말한다는 것이다. "30년 정도 된 거 같아요"라고 해도, 사장님과 대화를 나누며 추론해보면 적어도 50년은 넘은 것 같아 개업 연도를 찾아보면 1960년대인 식이다. 매일 시간 가는 줄 모르고 일만 하다 보니 꼬박꼬박

햇수를 헤아리지 못하는 것이다. 그저 가만히 관찰하며 있는 그대로 경험하는 것이 더 정확한 소개가 될 것이다.

사진을 찍어도 되는지 동의를 구하면 "가게가 너무 어둡지는 않나요? 여기 불 켜줄까요?"라며 환하게 맞아주는 사장님, 궁금한 점을 질문하고 녹음을 해도 되는지 물어보면, "뭘 녹음까지 한데요. 언제든 물어보면 내가 휴대전화 메시지로 보내줄 수도 있어요"라며 친절히 답해주던 사장님. 따뜻한 사장님들을 만나며 환대란 찾아간 사람이 누구인가와 상관없이, 맞아주는 사람의 성품에 의해 거저 받게 되는 것이란 걸 알게 되었다. 낯선 사람에게도 먼저 마음을 열어준, 어김없이 그 자리를 지켜준 주인들이 있기에 이 책이 쓰일 수 있었다. 그리울 때 문득 향할 수 있는 방향, 생각하면 마음이 밝아져 오는 위로의 공간, 궁금할 때 문 두드릴 수 있는 이웃이 되어준 분들에게 진심으로 감사드린다. 이 책을 통해 한길을 걸어온 이들이 존중받기를, 또한 꾸준히 기록하는 이들이 격려받기를 바란다.

사라지지 않는 간판들

오래된 한글 간판으로 읽는 도시

초판 1쇄 인쇄 2020년 08월 14일   출판등록 2011년 1월 6일 제406-2011-000003호
초판 1쇄 발행 2020년 08월 25일   주소 경기도 파주시 문발로 242 3층

지은이 장혜영   전화 031-955-4955
펴낸이 이준경   팩스 031-955-4959
편집장 이찬희   홈페이지 www.gcolon.co.kr
총괄부장 강혜정   트위터 @g_colon
편집 김아영, 이가람   페이스북 /gcolonbook
디자인팀장 정미정   인스타그램 @g_colonbook
디자인 정명희
마케팅 정재은   ISBN 979-11-91059-00-7 03300
펴낸곳 지콜론북   값 15,800원

이 도서의 국립중앙도서관 출판예정도서목록(CIP)은
서지정보유통지원시스템 홈페이지(http://seoji.nl.go.kr)와
국가자료공동목록시스템(http://www.nl.go.kr/kolisnet)에서 이용하실 수 있습니다.
(CIP제어번호: CIP2020034023)

잘못된 책은 구입한 곳에서 교환해드립니다.
지콜론북은 예술과 문화, 일상의 소통을 꿈꾸는 ㈜영진미디어의 출판 브랜드입니다.